U0028353

透過七大步驟，過 活

投資自己

Go Fund Yourself

What money means in the 21st century, how to be good at it and live your best life

Alice Tapper

愛麗絲・泰帕兒

牛世竣　譯

本書獻給我父母

目錄

第四章 花費

第五章 投資

序言

嘿！猜猜怎麼了⋯⋯我錄取新工作了！

我已經向老東家遞出辭呈，再過六週就會走馬上任。

我的天！我就知道。恭喜你！

薪水有多少？

我可以非常肯定，上面這些對話不會發生。

我一直覺得有點驚訝，就算是自己親到無話不談的朋友，提到錢一樣會讓人不悅。在朋友圈或團體中，人們不時討論到自己的新工作或是升職，有的人會微微透露出一點數字，或是稍微暗示自己的財務狀況。談錢倒不是件什麼不好的事，而是感覺這很私人，好像你把自己的私事暴露出去一樣。當然了，知道別人的薪資，你一定會拿來和自己的比較——但這是為什麼？為什麼在這麼一個開放的文化中，錢仍然是一個不受歡迎

的話題？

　　有人擁有比較多，有的人較少，有些人很揮霍，有的人則精打細算，但不管你是誰，有多少財富；你和錢的關係都會對生活產生巨大的影響。學校灌輸給我們所有知識，從地殼構造到正確的性愛全包了。那為什麼，金錢這個對成年人來講這麼至關重要的東西，學校教育的大綱中卻找不到；我們還得自己把相關知識補回來？畢達哥拉斯可不會幫我繳稅。

　　但金錢可不是無中生有。就算學校教了我們退休金、債務的知識。或是我們把個人理財書當成睡前讀物，這也遠遠不夠。金錢世界一直在變。不只是金錢功能意義上的改變：利率的變化、或是正邁向一個無現金的社會，還有人們與金錢的關係。還有我們怎麼賺錢、花錢、怎麼看待金錢的方式也在變化。

　　經濟、政治、科技三大力量，讓它不斷改變，也在塑造我們對財務的看法，對金錢的決策也跟著不同。世紀交替之際，網路經濟泡沫破裂，這些力量以前所未有的方式結合並且向世人展現。沒有人能不受它的影響，尤其是對成長於二十一世紀前後的年輕一代來講，這些影響特別巨大且獨特。我們受到前幾代人不曾有過的限制，但也有我們祖先無法想像的各種機會。

　　如你所見，個人理財上面的問題，幾乎都圍繞著你負擔不起的東西：不要再買咖啡、搬到129區（位於美國印第安納

州中北部），然後走路上班。再加上上一代的人，有著「吃酪梨吐司就會吃掉你房子的頭期款」的理財比喻，難怪我們對理財方式的思維會這麼狹隘。沒有人會因為聽到「你不能擁有○○」而感到振奮。當然，這並不是說怎麼花錢就不重要。預算是很重要的，但幾乎無法給人啟發。個人理財的第二個問題，它一點都不「個人」。是的，你知道怎麼節流，可以讓自己存到錢，但退一步來看呢？錢在你的生活中意味著什麼？不光是你有多少錢，花了多少錢，而是你怎麼賺錢，你怎麼看待錢，更重要的是，金錢在我們這時代是如何運作的？

這本書是什麼？

《投資自己》不是一本叫你要少買咖啡或是走路上班慢慢存錢的書，更不可能教你怎麼一夜之間變成億萬富豪。我不相信那種「教你錢應該要花在什麼上面，不該花在什麼上面」的省錢派說法；而所謂快速致富的計畫，也都是一派胡言。《投資自己》是一本重視「全局觀」的書。

本書區分出五大切入觀點：「學習」、「賺錢」、「創業」、「花費」、「投資」。我不只會探索你怎麼支配錢，還要探索整個會受財務影響的生活。如果你沒有財務上的夢想，那存錢又有什麼意義？要是你討厭自己賺錢時所流失的每一分鐘，那就

算這工作有份優渥的薪水，對你而言又有什麼好處？我們會看穿「現代年輕人漫不經心地花錢，會浪費掉你房屋頭期款」的故事，直指出現代人在財務上真正的困境，並且知道這個時代，錢是怎麼運作，以及該怎麼做才能找到駕馭錢財的方法。這些知識本應放在學校教育裡，但它卻不在。本書中包含和錢有關的各種基本知識，並且討論當今社會所面臨的挑戰和機會：從IG裡看到炫富的有錢小孩到錢與你是什麼關係、為什麼花錢不再代表你就擁有它、消費主義是怎麼改變我們的金錢觀、如何讓自己的財務觀念更開放，變得更富有。

雖然本書會提到一些理財小撇步，但它真正要揭示的，是那些真正會讓你生活變得不一樣的巨大改變和選擇。從如何設計一個能讓你快速擺脫債務的系統，到做自己喜歡的事來賺錢，並用行動來驗證它，以及創業。這不是什麼新奇但不負責任的造作計畫，畫個大餅告訴你，你能在四十歲之前就退休。事實上，本書裡大部分的建議一點也不新奇。我只是混合自己經驗和一些已經證實是有用的技術寫成，並且把金錢在現代社會的運作方式也一併告訴你。最重要的是，這本書寫的是關於你和你的生活。我不會預設你該買什麼或是不該買什麼，也不會評判你該怎麼花錢。相對地，我會幫助你釐清你心目中最好的財務生活是什麼樣子，並教你該怎麼達到那個目標。基本上，我是寫了一本我一直希望它早該存在於這世上的書。

這本書是寫給誰的？

由於我自己是二十幾歲，而且本書特別關注目前年輕這一代所面臨的挑戰和機遇，所以它可能比較適合二、三十歲的人閱讀。當然，裡面有些地方你意見可能和我不盡相同，或是發現它與你無關，這也沒問題。覺得有用的就學走，沒用的就不用理會。我不喜歡「千禧一代」或是「Z世代」這樣的標籤，但我確實需要一個詞彙來指稱我的目標受眾，所以我會用「年輕一代」或「我們這一代」來稱呼。但我希望這本書大部分的建議，不管是幾歲，都能從中獲益。

時間不是金錢

班傑明·富蘭克林在他的書《富蘭克林的智慧》裡提到過「時間就是金錢」，我相信他的用意很好。這個原則，構成了以勞動力作為基石的市場。隨便看任何一份僱傭合約，上面都會明定你每個星期要工作多少小時、可以賺多少錢。我們甚至可以用對錢的術語來談時間：「花時間」、「省時間」、「賺取時間」，彷彿它是一種可交易的商品，或是可以從ATM裡提取的東西。你怎麼運用時間的確會影響你賺多少錢；好好花時間，它的確可以換取金錢；反過來說，不好好善用時間，它就會被

浪費掉。不過，要說「時間就是金錢」，這表示它們在某程度上是等價的，或是說，我們的時間是有價格的。但現實是，時間並不像金錢一樣是一種資產。我們可以騙自己，認為它可以花費、可以獲取、可以節省，但事實並非如此。金錢的確可以創造不同機會，讓你可以有不同的方式度過時間，但時間並不會因此變多，而且我們大多數人並不知道我們有多少時間可以度過。我們只能知道，以經濟的角度來看，隨著時間過去，你只會愈來愈窮。抱歉，我知道大多的個人理財書通常不會有這麼存在主義式的哲學，但我也不會再深入下去，我保證。

能釐清「時間」和「金錢」之間的區別，會使我們人生在財務和工作上產生重大轉變。當我們把「時間」視為無價之寶，那我們將會好好珍惜它。我們會在如何度過時間上做出更好的選擇；也會對我們的錢，還有賺錢方法，做出更好的決定。與其為我們出售的時間定出價碼，不如選擇用它來做事；不是因為有人付給你足夠的錢來換取你合理的犧牲，而是因為你真的想這樣做。你會選擇這麼做是因為它是一項投資，它比銀行裡的利息獲利更高。

改變我們對時間和金錢的看法，也會改變我們開始思考如何賺錢和如何花費。通常，我們會把「賺錢」當成一種方程式：你投入時間（以及其他像是勞動力之類的……），換取報酬。

三種類型的收入

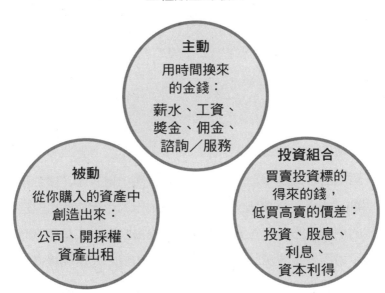

主動
用時間換來
的金錢：
薪水、工資、
獎金、佣金、
諮詢／服務

被動
從你購入的資產中
創造出來：
公司、開採權、
資產出租

投資組合
買賣投資標的
得來的錢，
低買高賣的價差：
投資、股息、
利息、
資本利得

　　如果你能從本書中學到什麼，我希望會是你理解到：金錢遠遠不只是你能花費和賺取的東西，其後的價值才是重點。金錢只是整個宇宙的一個小角落，那才是它的本質。

　　例如：在「賺錢」的那一章中，我們會看看什麼是主動收入：徹底了解，怎樣的賺錢方式，才真的值得投入你寶貴的時間中，同時也看看怎麼找到最佳的轉換職業跑道策略和做出最棒的選擇，這會讓你工作生涯有所提升。在「投資」裡，我們會專注在投資組合：揭開神秘的股市面紗，教你慢慢致富的秘密，還有為什麼年輕是你最大的資產。「創業」章節，重點會

放在被動收入：給任何想要創業的人看，本章會從商業理念的基礎開始，怎樣讓理念開始真實運作，以創業家的角度來管理財富。

免責聲明

雖然我希望這本書能教會你很多東西，但有一件事它是做不到的，那就是客製化你的財務、法律、稅務或是其他任何形式的個人建議。另一方面來看，書中提到的，都是經過時間考驗，適用普遍情況的建議，這些建議和資訊能讓你懂得自己理財，並且樂在其中。說到投資（也就是投入你的錢），請銘記再三，投資都是有風險的。你投資的價值可能上升也可能下降，得到的回報可能比不上投資的金額。如果需要具體的建議，你應該尋求獨立理財顧問。

在你把辛苦賺的錢拿來買這本書前，先要知道一下，這本書「是什麼」，以及它「不是什麼」。它絕對不會是本想告訴你「所有你該知道的個人理財知識」指南。本書包含了我認為對大多數人有用的內容，想要知道更進階或是更複雜的細節，我推薦去看看各種個人理財網站，這些網站包含你內心想知道的大量細節。包括個人理財之神馬丁・劉易斯（Martin Lewis）。

這本書另一個特點，就是對金錢、收入和時間的量子力學觀（我不確定這是什麼，但如果你希望看的是這個的話，它確實存在）。我絕對不是一名學者，不會教你什麼是對沖交易、看漲期權、衍生性金融商品，這些複雜的東西（讓我們彼此都鬆一口氣）。

GFY 理財計畫

我很建議你完整讀畢本書，因為我深知，一個人就算清楚知道該做什麼，或是何時要做，也常常會不小心誤踩雷區。我思考要如何克服這問題，也得到了一個想法，就是透過七個步驟，讓你過上最好的財務生活。容我介紹一下：「GFY理財計畫」。請記住，這不是理財建議，只是個人財務的「經驗法則」指南，但最後你可以自行決定你感覺哪樣做才最正確。

第一步：你得有個目標。

》理出你對金錢的心態（第156-157頁）。

》定義你的理想收入（第63頁）

別管什麼#情侶典範，我們來談談#金錢典範。在談什麼是理財，和如何理財之前，不如先談談「為什麼」要理財？為

什麼你要買這本書？除了希望銀行裡有更多錢這種明確的目標之外，你真正想要的是什麼？

也許你正在考慮存錢買房，或是計畫環遊世界。也或是你生活面臨困境，需要一點刺激和鼓勵，讓你瞄一眼自己的財務狀況？也許你薪水不錯，但工作內容卻不怎麼體面？不管你想要什麼或是害怕什麼，重要是知道那是「什麼」。這會讓你集中專注力，幫助你找出今天應該怎麼用錢，該做怎樣的投資，還有知道自己能承受什麼樣的風險。

那麼，你到底想實現什麼樣的目標？你心目中最好的財務生活是什麼樣的？

想一下你的短期、中期、長期目標，在未來實現這些目標時，訂一個時間框架。如果你不知道它們是什麼，那也沒關係，可以等會再回來，這本書會幫你慢慢釐清。

- 短期（一年），例：和僱主談加薪。
- 中期（一到五年），例：還清所有債務。
- 長期（五年以上），例：存夠頭期款，買一套四十萬英鎊的公寓。

第二步：準備好你的應急基金。

》善加預算，聰明消費（第 161-170 頁）。

不斷玩樂、玩樂、玩樂、完⋯⋯蛋。麻煩（而且得花很多

錢）的意外往往從天而降，請確保你存夠多錢，為了那些突發狀況，你得打破撲滿，來緩一緩財務上的壓力。確切要存多少金額取決於你自己的真實情況。通常會建議是一千英鎊，但這並非絕對適用於每個人。想想你自己的生活模式、要扛的責任、自身安全感的需求。例如：一個擁有四間房間的房子、三個小孩的人，可能會比一個和父母同住的二十多歲單身者需要更多的應急基金。你要計算自己的應急基金，不要用太樂觀的態度計算。想想所有會需要用錢的可能，還有應付這些意外需要花費多少錢。如果需要幫助請到第63頁，那裡有定義什麼是你的財務需求。

有了應急基金，不僅可以幫助你度過失業、緊急醫療，也能在經濟不景氣時讓你更有信心。二〇一六年，波萊特・佩爾哈赫火紅的一篇文〈一個沒有應急基金的故事〉，提到一個「滑動門式」的兩難，裡面描述一個女人面臨的困境，意即她的情況就像滑動門，滑向這面，她得面對囂張跋扈的老闆，滑向另一邊則是自己惡劣的男友。在現實中，要是她沒有積蓄，就會陷入困境無能為力，只能被施暴者控制。但如果在另一個平行世界，要是她有存足夠的錢，就能讓她有足夠的自由和獨立，能擺脫痛苦，邁向更好的世界。金錢確實就是力量。

第三步：償還金額較高的債務。

》想了解什麼是好債務和壞債務（第171-173頁）。

》GFY 還債計畫（第174-179頁）

大多數的年輕一代，對債務並不陌生。無論是學生貸款還是信用卡刷爆。在英國，每個家庭的平均債務是59,409英鎊，每年光是還利息就要付出1,886英鎊。但並非所有債務都是一樣的。在進行投資前，優先還高利率的債務。例如：不好的負債。這可能是個很困難的任務，所以想要知道怎麼容易擺脫債務，請參考「GFY 擺脫債務計畫」。

第四步：盡可能把錢投進退休金帳戶裡，愈多愈好。

》自營業者的退休投資。（第209-210頁）

多個退休金帳戶的組合。是的，一提到「退休」，你可能會翻白眼，但提早準備好退休金是替未來創造未來財富最簡單也最重要的方法之一。提撥退休帳戶可以節稅並且存錢給晚年的自己使用。這種福利被稱為「稅收減免」。假設你是普通稅率的納稅人，你每個月從工資拿出100英鎊存入退休金，但嚴格說起來，你其實算是拿出80英鎊，就存了100英鎊的退休金。因為你如果沒有存退休金的話，政府會拿走你20英鎊的稅。退休金帳戶的錢會投進股市裡，但通常為你退休帳戶的金

融機構會幫你操心這件事。有了退休金，又有錢可以投資，那算是兩全其美。

你應該了解的三種退休金類型：

- **公司退休金**：法律規定僱主有義務幫勞工存退休金，這是一項福利，通常撥給退休金的最高金額會以不超過你工資的特定比例來計算。以上這情況，你需要和你們公司人力資源部門詢問，以你生活能負擔的前提下，確認撥給退休金的比例已達最高限度，以充分利用這份福利。

- **個人退休金**：這是你自己和相關金融單位開的帳戶，和你公司無關。這種退休金，你可以自己決定要撥多少錢進去。如果你是自營業者，或是你們公司存的退休金太少，那個人退休金會是不錯的配套方案。主要有兩種個人退休金：持股類型退休金，和自我投資退休金（self-invested personal pensions，簡稱SIPP）；前者每次存入的金額最低，最保守的投資策略，靈活性也最小；而後者你可以自己從眾多投資選擇裡挑你自己的投資標的。

- **國家退休金**：在英國，任何只要達到退休年齡的人，就能定期領取國家給付的退休金（目前是六十幾歲，預計到二〇二八年會是六十七歲）。你不會希望只依靠國家退休金（目前每年約八千八百英鎊〔合台幣約三十二萬〕），所以你最好確認你公司的退休金和個人退休金帳戶都盡可能達到能負擔的最大限度。

第五步：再次提高的應急基金。

》善加預算，聰明消費（第161-170頁）。

如果你已經還完不好的債務，也搞定退休金帳戶，那你一定也完成第二步的內容，準備好你的應急基金。第五步：增加你的應急基金。這樣你應急存款看起來會更讓人放心。需要多少金額，取決於你的情況和平常生活費多少，但至少差不多要有三個月的生活費。對於一些工作不穩定的人，或是自由業者，可能就要準備更多。如果三個月看起來讓你無法負擔，那就計算一下，要是最壞的情況發生，你需要多少錢才能度過。要怎麼降低生活成本呢？參考第55頁，幫助你找到你在財務需求上需要多少。

第六步：開始投資。

》如果你的目標是五年以上，要怎麼投資（第209頁）
》如果你的目標是五年以下，要怎麼投資（第209頁）

理論上，你現在已經可以像喬登·貝爾福[1]一樣自由把錢投入市場亂搞，但在這之前，請先看看「投資」（第179-238頁）。

1《華爾街之狼》的現實世界主人公。

華倫・巴菲特的智慧箴言：「我從不投資我不懂的東西。」這聽起來理所當然，但歷史一再告訴我們，投資者常常把錢投入他們一竅不通的投資項目。二〇〇八年，全球金融危機就是個好例子；數十億美元的錢砸在次級抵押證券：投資組合裡都是抵押借款，到了最後人們無法償還借款。不管你選擇投資什麼（我們會在第五章談到投資），都必須盡可能了解整個股票市場是怎麼運作的，以及是什麼讓你的投資有價值的。你也得確保自己掌握自己日常的財務運作。這意味著你得了解自己每個月的收入和支出。以及每個月能有多少錢投資。說到投資，你的投資至少要維持五年，你待在市場裡的時間只要夠長，就能減少賠錢的可能性。

　　但要是你想靠投資達成的目標是在五年內的，你仍可以投資，但投資項目可能不會是股票。想知道更多，請參照第209頁。

第七步：生活和付出

　　》生活和付出（第250頁）

　　這本書並不叫做《投資自己：錢在二十一世紀的意義，如何盡可能獲取最多的錢》，這不是本書的主題。它是關於賺錢、花錢、投資，它可以幫助你熱愛自己的生活，說不定也能幫助你身邊的人更享受自己生活。

第一章

學習

〉錢是⋯⋯

〉銀行和你

〉利率

〉什麼都不做，錢也會愈來愈少

錢是……

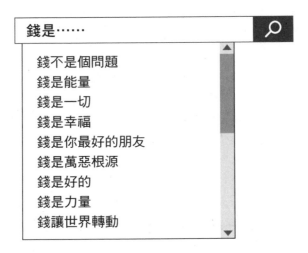

先不管從哲學上怎麼看錢（之後會再討論）；我們先從錢本身來理解。我們現今所使用的錢是怎麼出現的？未來又會是什麼樣子？

自古以來，貨幣的形式一直在演變，但它的本質未曾改變：作為一種「交易」的方式。最早的形式還沒有什麼貨幣；以物易物的交易系統讓人們可以用貨物或服務，交換別人的貨品和服務。你可以想像得出來這有多麻煩：你每天早上要用什麼東西，和你家旁邊的咖啡師交換一杯牛奶咖啡？

商品貨幣	代表貨幣	法定貨幣	加密貨幣
商品貨幣基於製造該貨幣材質的關係，具有內在價值。	代表貨幣背後有其他有價物在支持，比如黃金，代表貨幣本身價值很少甚至可以沒有。	法定貨幣是由政府宣布其價值，並為公民所接受。	加密貨幣以數位形式存在的貨幣，用先進的加密技術來保證其安全。

最早以物品當成儲存價值的交換媒介，是在西元前一一〇〇年。以「日用品」當成最原始的貨幣形式：其價值根基於該日用品的製造材料。一般相信，大約在西元一一〇〇年左右，中國人以實際的工具，青銅做的「武器」作為交易媒介，然後慢慢變成其他同材質的小型複製品：刀錢。後來為了方便起見，這些小型武器被放棄，取而代之的是圓形的代替品，這是改良許多的一種交易媒介：硬幣。世界各地都有把硬幣當成貨幣使用的例子。黃金和白銀可能是最常使用的，當然也有貝殼或是其他物品之類的東西，這在非洲或亞洲地區比較常見。

西元一二五〇年，弗羅林金幣是歐洲第一個被廣泛使用的

金幣，讓國際之間的貿易變得興盛；但，也正如你想的那樣，拖著一大袋錢跑來跑去，既不安全又不方便。到了十八世紀，紙幣已經變得普遍：一種把貴重金屬存入銀行，換取票據的方式。這個被稱為「代用貨幣」：雖然這張紙本身沒有價值，而是因為背後有某種東西（黃金或白銀）在替它背書。到了今天，英國紙幣上仍有這樣的字樣：「我承諾向持有該鈔票者支付⋯⋯」

到了現代社會，大多數的金融系統都是「法定貨幣」：和代用貨幣一樣，這種貨幣本身沒有實體價值，但背後靠的是政府背書，而非黃金白銀。和古代金幣不同，法定貨幣沒有實際上的價值。只是因為我們相信政府的信用，才能達成對其價值有一致的共識。我們之所以覺得一張五英鎊的鈔票有五英鎊的價值，是因為政府宣布它具有此價值。

銀行和你

不管你喜不喜歡，我們大致上可以說是生活在資本主義的社會裡。在這樣的社會，銀行佔據中心位置。

那我們口中的「銀行」到底是什麼？它們是幹什麼的？就廣義來講，銀行是指具有接受存款和放貸許可的金融機構，你應該要知道它有三種不同類型的銀行。

- **商業銀行**：這可能是你所熟知的那種銀行。商業銀行向你我這樣的小企業主或個人提供金融服務。保證我們錢的安全性，接受存款和短期放款，其中包括房屋貸款等金融商品。一般來講，你可以在大街上找到這些商業銀行，但近年來也出現了數位銀行，這種銀行沒有實體店面。

- **投資銀行**：和商業銀行一樣，只是它們的顧客是大型企業組織。二〇〇八年金融危機後，發現許多可疑的金融商品的發明和交易，都與它們有關，也受到世人不好的評價（甚至到了惡名昭彰的地步）。

- **中央銀行**：和商業銀行、投資銀行不同，中央銀行服務整個國家，負責管理貨幣、貨幣供應和利率。它們有特權，可以印製更多的貨幣，這被稱為「量化寬鬆」，而且它還被稱為「投資銀行和商業銀行最後的靠山」，這表示在金融危機時，中央銀行會幫它們紓困。中央銀行的作用，是確保金融經濟和貨幣系統的健全，大部分涉及管理並促進經濟健康成長。

經濟成長：隨著時間經過，市場上提供的商品和服務會慢慢增加。

GDP（國內生產總值）：衡量一個國家經濟健康狀況最常

用的指標。它是把一個國家在特定時間內，生產的所有商品和服務的總數相加起來。

實際GDP：這是去除通貨膨脹（這個我們後面會再提到）後的GDP。它能更準確衡量一個經濟體的成長狀況。

利率

我們談到「銀行」時，大多數人指的是商業銀行：持有我們個人儲蓄和債務的銀行。但對經濟體中的貨幣流動影響最大的，是中央銀行：它定下利率水平和控制貨幣供應量。可以把它當成兩個控制的轉盤，依據經濟狀況調高或調低。

利率：你貸款時額外要付出的錢，你錢存進銀行時，額外會給你的錢。

利率如何運作？

一般而言，中央銀行想給經濟一點刺激，增加消費水準時，就會調降利率。這樣做是為了降低我們把錢存入銀行的動

機，讓我們盡可能花錢、花錢、花錢！

但經濟增長，往往會伴隨通貨膨脹。

通貨膨脹：物價上漲，導致生活成本上升。

當中央銀行想要控制通貨膨脹，它會提高利率。利率更高時，把錢存起來會是一個更好的選擇，所以人們更會把錢放在銀行而不是消費。此做法相對會消滅物價上漲的壓力。

當新聞談論利率調高調低，這裡指的是「銀行利率」，以英國來看，英國的利率是由英格蘭中央銀行的貨幣政策委員會制定，是由英格蘭銀行總裁主持，每年開八次會。商業銀行會在中央銀行開戶存錢（又叫「準備金」），中央銀行會依照此「銀行利率」發利息給商業銀行；通常，我們存在商業銀行裡的利率也會和它一致。商業銀行設定的利率，會影響我們是否會多存一些錢在銀行裡。

所以我相信，你會發現商業銀行並不全都提供和中央銀行一樣的利率，反而會比它更高一點。當你借錢時，銀行會依據自己能承擔風險大小，而改變利率：例如，貸款金額和償還的歷史紀錄。如果是儲蓄的話，銀行會承諾你一些利息，換取你把錢存入帳戶。這利率有很多因素影響，像是你要存進多少錢，以及你答應多長時間內不會動到這筆錢之類的。這聽起來很不錯，對吧？把錢塞進高利率的定存帳戶，然後錢滾錢愈來

愈多？是嗎？很抱歉，並非如此。瀏覽任何一家商業銀行的網站，看看它的「儲蓄帳戶」，然後你想提前退休到馬爾地夫的夢想，很快就打消。你看到的年等價率（Annual Equivalent Rate，簡稱 AER）不會超過 1.75%。也就是說，假設你年初打算存 1000 英鎊，到了年底，你靠儲蓄賺到的錢會是 17.5 鎊。

什麼都不做，錢也會愈來愈少

還記得青蛙造型牛奶巧克力只要十便士，而電影票不到 5 鎊的年代嗎？可惡，那真是美好的日子。雖然通貨膨脹是經濟增長的一個現象，但要是薪水跟不上，那你可支配的收入會大幅下降。當物價上漲的速度超過你的薪水，那你實際上能消費的能力會下降。

通貨膨脹對你個人財務影響的第二個方法就是，誤導你，讓你以為存在帳戶裡的錢是「安全」的。假設你儲蓄帳戶中，有一百英鎊，利率是 1%。一年後，你帳戶裡會有一○一英鎊。然而，要是通貨膨脹到了 2%（也就是平均物價上漲了這麼多），你實際上需要一○二英鎊才能彌補上漲的物價。因此，你實際上的購買力下降了 1 英鎊。少掉的那一英鎊不在我家、不在銀行也不在你家。通貨膨脹每年都會慢慢累積，吞噬你辛苦賺來的錢。好消息是，除了依靠你那停滯不前的工資，

你有其他可採取的措施，能保護你的存款，我們會在第五章「投資」裡好好談談這個問題。

第二章

賺錢

「賺錢」的簡史

　　我們賺錢的方式一直在變，但工業革命見證重大的轉捩點。在有了人工照明和蒸汽機動力的突破性創新，出現新的、讓人感到振奮的機會。和過往不同，在過去，人們只能從事不穩定而且收入微薄的季節性農場工作。而城市提供一個充滿希望的未來，就算沒有基本權利、健康、可靠的法律保障，以及我們現今社會覺得是理所當然的「人力資源部門」。工廠的人別無選擇，只能在相當惡劣的條件下，每天工作十八小時。又過一段時期，工會幫工人取得了法律保障、工作時間上限、刺激經濟增長，推動技術升級。隨著工人權利的出現，整個二十世紀的工作時間慢慢減少。在美國和英國，我們已經習慣一週工作五天，每天八小時的舒適生活，於是朝九晚五的「九五」工時就出現了。當然，對不少人來講，「九五」工時的工作是他們的夢想。雖然大多數的僱傭合約會提到，每個禮拜工作三十五到四十小時，也承諾中午有一小時的午休時間，看起來很不錯，但到了工作場所的實際情況又是另一回事。午餐時間在辦公桌前草草進食；取消晚餐計畫，改成和微軟PowerPoint面對面繼續奮鬥。

　　因此我們口中的「九五」工時並不完全是我們一天工作時

間的簡稱。背後已經有更多的含意。它表示工作的穩定、可預測性、低風險。換句話說,就是在一家大公司有份好工作,薪水也很高。這些都是工人在工業革命後,努力爭取,得到勝利的象徵和標誌。

然後,第一世界國家對「就業」的意義正發生巨大改變。十八世紀的人,幾乎無法想像我們現在的工作方式。

對某些人來講,傳統的「九五」工時的可預測、穩定,在某種程度上不再有吸引力。我們看到新出現的企業,正緊跟著那些緩慢笨拙的大企業腳步後面,不重視改善工作生涯和體驗。二十多歲的年經人,往往是為了能繼續自己的興趣或是想要做自己喜歡的職業,才不得不在白天待在公司扛起工作。說到底「工作」是什麼?對另一些人來說,曾經為之奮鬥的「安全感」正在慢慢消失,臨時外包的零工經濟型態,重塑了勞資關係。

這一切是怎麼回事?為什麼僱主的要求,和員工的期望之間會脫節?

為什麼對某些人來講,所謂「安全可靠」的吸引力,已經不夠了?

有一種常聽到的聲音,就是指責「現在的年輕人」沒有抗壓性,無法交付重要工作的說法。說我們忙著找一張桌子吃早午餐,忙著上傳Instagram的照片,沒把心思投進職場的戰爭上。但仔細看背後原因,就會發現它跟我們想吃什麼早餐、減

肥要吃什麼素食食譜沒什麼關係。這現象和過去二十年來經濟和技術發生變化有很大的關係。剛巧，現在年輕一代對這種轉變的感受很深。

數位族群

「我們MSN上見，好？」這是每個九〇年代青少年在放學時都會說的話。如果你是一九九六年之後出生的人，你可能不知道我在講什麼，只知道我在說時代變化很快。我們不能忽視，技術的改變也在改變我們的機會、抱負，在自我意識上面，也有巨大影響。如果你不到三十五歲，你是數位世界的一分子，或是在小時候目睹了網路的崛起，也可能從沒看過沒有網路的世界。有一大票負面事實告訴我們，網路怎麼對人們的生活造成衝擊，這些內容對我們來說已司空見慣。事實上，它一定程度上讓人們和社會愈來愈脫節，也愈來愈孤獨，它的影響就是增加無助感，以及對自己的身體有不現實的期望，追求太不真實的「完美身材」。這又會怎樣影響我們對「賺錢」的態度呢？

在Facebook成立時，馬克‧祖克柏定位它是「社交網路」；用網路的力量，連接大學生的平台。但它在很短的時間內，和其他少數幾個社交網路平台一樣，變成不可同日而語的

野獸。我們所生活的時代，把社交生活已經複製成了「在線」和「離線」狀態，在這樣的世界，「和某人聯絡」已被化約成在閃亮的螢幕上點兩下。

這些網站本來的目的已經變得沒那麼重要。有著雙向連結的「人際交流」會從我們使用的詞彙裡消失，並不是什麼巧合，取而代之的是「媒體」；它和交流、彼此連結沒什麼關係，更多的是一種自我投射。

我那一代使用的是Bebo社交平台：算是不怎麼成熟的Facebook，在上面可以自己對好友進行排名，設計一些小問卷，看看你朋友中誰最懂你，得分最高，並在一個名為「我、我自己、還是我」的分類欄下，寫自己的迷你傳記。「自戀的一代」的指控到底是從哪裡來的？對於出生網路時代的小孩子來說，他們的父母並不熟悉網路，而自己已經把社交媒體當成遊樂場了，可以自由在裡面規劃並塑造自己的網路身分。小孩子適應力強；成了第一個征服網路版圖的人，在網路平台成為一個更酷更新的天地之前，就已經宣示這裡是自己的地盤。Facebook就是個很好的例子，本來是十八到二十歲大學生的平台，但慢慢地年輕人愈來愈少，Facebook用戶年齡飆升。

個人主義和我們對「自我」的重視，也滲透到了現實生活中。雖然我們在二十幾歲前後十年內，不斷地想擺脫責任，但也因此推遲了結婚生子，也讓我們有更多時間來投資自己。根據《全球養生經濟監測報告》裡的數據，「健康養生之旅」，

已經是高達五千六百三十億美元的產業，增加速度遠高過一般旅遊業。「照顧自己」的風潮，把「善待自己」變成一種讓人嚮往的體驗，甚至是一種義務，而且（理所當然地）還化作了一千三百萬張Instagram上標有#照顧自己的照片。如今，消費科技正在改變我們滿足自身需求的方式。低頭就能遇見自己要的，各種靈機一動的奇思怪想都能化作生意可能，呈現在觸碰螢幕上，並以精準的時間和完美的比例提供服務。按摩需求、半夜的披薩（當然要酸種麵包做的麵皮），加上純素奶酪，或是一輛座位數量剛剛好夠搭的計程車，讓你和同行的朋友們一起上車前往星期五晚上要狂歡的目的地。然後車上還播著後街男孩的歌曲：「我就是要那樣……」

我們活在單一個體擁有前所未有力量的時代。幾年前，名人效應只出現在電影、電視圈的範圍內。當然，可能會看到奇怪的名人代言產品，但真正的影響力握在外面街道上的公司行號手中。現在社交媒體對品牌消費者有了翻天覆地的影響，把本來數十億英鎊的商業影響，從傳統公司轉移到一大堆的「網紅」手上。毫無疑問，這樣的影響力早期例子就是卡戴珊─詹納家族；這網路時代的天后天生就是眾人目光的焦點，並能把這影響力轉化成金錢。二〇一八年，二十幾歲的凱莉·珍娜[2]也

---

2 Kylie Jenner，美國電視名人、模特兒、社交名媛和商人。凱莉第一次出現在螢光幕是在美國E!頻道的真人秀《與卡戴珊一家同行》。二〇一七年推出自己專屬的真人秀節目《凱莉私生活》。

被披露自己的身價高達九億美元（六·八億英鎊）；這筆錢是她代言唇膏生意賺來的，讓她有希望成為世界上最年輕白手起家的億萬富翁。由此可知，我們不僅生活在一個高度重視自我和個性的時代，而且一個人的「潛力」前所未見地巨大。

現在，把這一切和你工作場所對比，有很大的落差；就算是今天，許多大公司仍堅持古老的制度，給員工編號，然後每年依編號匿名審查績效。有研究顯示，我們愈來愈少用工作來定義自己，而更多是以朋友、家人和辦公室之外的副業來定義自己，難怪我們換工作的頻率前所未有地高。對那些會用航空里程、好聽的頭銜、豪華的辦公室來留住員工的大公司，留不住員工的問題會一直存在。這很合理，一個人進入一個階級制度森嚴、充滿官僚氣息、凡事都聽上級指示的企業生活，很快就會對這公司幻滅。我們已經習慣的自我個性、自由，都沒有得到很好的發揮。

更讓人沮喪的是，我們知道仍有各種可能性在。並不是說懷有理想以及面對現實衝擊是我們這一代獨有的現象。不管是自由、獨立，還是有理想，對某些人來講，那就是一種動力，比方說找到一份你願意為它爬起床奮鬥的工作，抑或是創造自己的收入，養活自己，逃離朝九晚五的生活。（就像桃莉·巴頓的歌詞）。但現在，真正的不同在於，我們期待的生活方式從來沒有像現在一樣，有如此大的機會得以實現。我們知道，現代的技術可以創造出更高效率、更靈活的工作方式，還有更

扁平的組織結果，也更能激勵人心。社交媒體和網路，更廣泛地創造新機會的同時，也讓我們和那些人的故事連接，不管是馬克・祖克柏還是貝佐斯，他們創建了價值數十億美元的公司，而且還是在臥室裡就打造出網路創業的企業家。我們知道它有更多的可能性，而且我們許多人想分一杯羹。

世代擠壓

　　二十年前的經濟變化，讓我們對待工作和如何賺取收入方面的抉擇，產生很大的變化。每一代人都有自己的掙扎，但在一九八一到二〇〇〇年間出生的人來看，他們的個人財務並不樂觀。二〇〇八年金融危機，打破了人們之前紙醉金迷的夢想，發現自己揮霍了大筆資本，那時候的事情影響到年輕的一代。但也有好事；一九八一到二〇〇〇年間出生的人，失業率對比同齡嬰兒潮一代的人（一九四六到一九六五年間出生）來看，少了百分之二十五。雖然我們更容易找到工作，但報酬卻減少了。從二〇〇九到二〇一四底的六年內，工資增長追不上通貨膨脹，造成二〇一七年英國脫歐公投結束後，又出現工資縮水的現象。調整通貨膨脹後，二〇一八年的平均每週工資仍比二〇〇八年低了十五英鎊。一九八一到二〇〇〇年之間的人均收入，對比一九六六到一九八〇年間出生的同齡人，收入相

同。從歷史上來看，工資、可支配收入、生活水準，一代代都在提高，但對一九八一到二〇〇〇年出生的這一代來說，感覺不到進步。

那又怎麼樣？我們仍有很高的生活水準，只是並不比前幾代的人更有錢。這樣會有什麼問題嗎？有，有一個很大的問題。雖然工資低得讓人不滿意，可是房地產價格和租金已高到不像話。再加上一定程度的通貨膨脹和收緊房貸的規定，你會看到這一代人，有三分之一的人生都在租房子，平均三十歲的人在租屋上的花費，比同齡「嬰兒潮一代」的人多出四・四萬英鎊。

如此看，人們會對工作態度發生了變化並不意外。剛出社會的人，對工作的滿意度直線下降。這不是有過高的期望或是有自戀傾向。因為今天所期望的事不同，動機也不一樣。在這樣的一個世界，你賺的錢只夠基本生活費，很少能有揮霍的機會，人一定會想在工作的同時，也能有所享受。我們要錢。這當然了。我們需要錢。但對工作的期望不只是「我用我的時間來換取你的金錢」的交易。與此同時，公司可能會胡扯什麼「工作和生活平衡」或是「彈性工時」，但在一天結束後，會發現你的工作就是生活。我們醒著的時候有一半的時間都在工作，所以，要是這不算生活，那生活是什麼時候開始算的？

我們日益縮水的收入和無聊的新聞之間，有個聲音在呼喊：好好思考怎麼利用時間和賺錢。媒體很愛的「代溝」主題

不會這麼快消失，雖然工資有在提升，但仍有不少落差需要追回。那麼，你能做什麼？你如何才能讓工作生涯更充實，而且是以一種「不但能支付帳單，還能符合自己價值觀和個性的方式」賺錢。在本章中的後半，我們會更仔細看看該怎麼做。

第一節　做出選擇

　　有一些走在時代前沿，會讓別人氣死的人，一開始就知道自己要做什麼，然後有一些像我這樣的人。問題不在於我不知道自己要幹嘛，而是我什麼都想做。

　　雖然，我們的確有很多潛力做各種不同工作，以後可能會從事完全不一樣的職業（很快就會有很多），但遺憾的是，我們不可能同時當個醫生、足球隊經理外加海龜保護者。這意味著，得向許多其他的可能揮手告別，甚至哀悼。

　　但，在哀悼前，我們得先做出選擇。就原則上來講，選擇是件好事，但對某些人（例如我）來講，選擇是一場惡夢，特別是那種人生道路的選擇更是如此。

　　人們傾向這樣想像自己的職業生涯：一條筆直的道路，從受教育到工作，然後一路做到退休。這條路可能會有分歧：重要的決定會影響的旅程，和到達的目的地。對於那些確切知

道自己想走哪條路的人來說，他們會用這種可預見的規劃，來「結束」自己的人生，也很合理。

問題出在像我這樣的人身上。當你不確定自己想要成為什麼樣的人時，就要勾勒出你整個職業軌跡，這種想法十分可怕。在大學最後的幾個月裡，我似乎是唯一一個沒有五年計畫、沒有實習計畫的人，我會試著想像未來的生活會是什麼樣子。

就像站在一座巨大的山脈前，我在山腳下，面對成千上萬條小徑，它們蜿蜒前行，但是所到達的目的地都不一樣。我會想試試所有生命中各種錯綜複雜之處。我喜歡這個嗎？這個會讓人驚豔嗎？這個收入夠嗎？

然後就這麼沒完沒了。我真的不想做出任何承諾，因為很怕做出錯誤選擇。當然，決定意味著要著手某件事，或是往某個方向發展，但同時也意味著揮手告別一千種其他的可能性。我覺得不管我做什麼決定，不管那決定多麼微小，最後都會在我生活裡產生重大影響。

超載

現在，我們有大量的選擇，更難做出決定了。

技術、環境、社會變化正以驚人的速度發生，我們作為消

費者的需求也在發生改變。隨著企業的出現和發展，滿足了我們不斷變化的生活方式，新的工作崗位被創造出來，這些職位在十年前甚至不存在。你看看任何一個求職網，會發現上面的頭銜，可能更適合出現在反烏托邦的小說裡。「首席傾聽官」、「用戶體驗設計師」、「雲端計算師」，還有「可持續發展顧問」，都是一種職業選擇。

而這不只是職業。科技發展讓我們知道，我們還有更多的選擇可能；事實上，就這一代人來講，已經開始為此期待了。那些不斷推陳出新、取之不盡的約會社交軟體，你反覆來回在眾多選擇中，可能在找到摯愛前就已經讓你疲勞。還有搜索引擎，為我們提供了無限的資訊，無止境地瀏覽。我們每天都要面對更多的決定和選擇。

而且，就直覺上來講，選擇讓人感覺不錯，對吧？尤其是對那些追求自主、重視個性的人來說。它代表著自由和決心，都是那些我們所珍視的價值。然而，我們要從工作中尋找滿足感時，這種選擇就超載了，是否成為了阻礙而非幫助？交給你們解釋了，社會科學家們……

貝瑞・史瓦茲，《只想買條牛仔褲：選擇的弔詭》的作者，他在食品店裡分了兩組果醬試吃實驗並給所有顧客折價券，如果顧客買一罐果醬，可以折抵一美元的折價。一組只有六款果醬，另一組有二十四款。我們也許會覺得，有更多選擇的那一組更能刺激消費者，得到更積極的體驗；但事實上剛好

相反。在六款果醬的那一組，有高達百分之三十的人購買，相對地提供二十四款果醬的，掏腰包的人只有百分之三。這就是選擇的悖論在搞鬼。還有更糟的，研究還發現，更多種選擇的情況下做出的決定，也傾向更不滿意、不滿足，這表示我們弄不清「選擇更多」和「更好結果」之間的差別。

同樣的道理如果用來看工作的話，不難解釋為什麼我們會如此茫然：太多選擇，讓人生變得更難決定，加上各種五花八門的職業，讓我們對工作的期待又推到了新高點。我們已經開始期待，我們會有個完美的職業生涯，但事實上，我們比任何時代都更容易感到失望和遺憾。

期待和進入

在技術變革的同時，社會的轉變也讓工作環境開始不同。特別是對女性而言，就某種程度上，我們過去受到社會人口組成的阻礙變得更小。當然還有很長的路要走，但在五十年前，職業婦女還是一種稀有動物，但現在成了一種必然現象。這種可能性帶來無限可能，但這也會增加了「實現」它的壓力。雖然我們能比以前走得更遠，失敗的機會也更多。

雖然，就原則上而言，職業的發展是前所未有的大，但並非每一個都能成為機會。二〇一七年，政府對社會階層流動性

做出了評估，結果發現過去二十年裡，年輕人實際的就業情況是在惡化。他們可能很不情願從事兼職或是臨時工，就算是大學畢業生也受到影響；這些大學畢業的人，有超過百分之十的機會，最後會大材小用，屈就於不需要大學文憑的工作。這樣的就業環境對社會底層的人更是糟糕，英國政府緊縮計畫也縮減了就業指導的預算，更是火上加油。如果沒有自己家人的幫助，那幾乎就沒有其他任何協助，從而擴大優勢族群和弱勢族群的差距，知識上和信心上都出現了差距。社會和經濟的障礙一直都在。事實如此。如果家裡沒人能幫助你，而你在城市裡也沒有房子；如此一來的話也許你就不太有機會去做無薪的實習工作。它是很難，但要相信你辦得到，並且相信好運，增加信心是很重要的一件事。這並不容易也不怎麼公平，但你必須允許你去追求你想要的事物。

一些能讓你「站得更高」的小撇步

- 建立自己的社會網絡——搜尋當地的社交聚會和相關的重大活動。
- 發揮創造力——利用你的創意脫穎而出。不要害怕使用創意來吸引可能會僱用你的人。
- 具體一點——不要光問，能不能一起喝杯咖啡，請教一

些事情。類似這樣的請求，他們可能已經聽過一百萬次了。相對地，你得具體說出你需要什麼樣的幫助，更好的是，你能夠具體地幫助他什麼。

- 說些好話──每個人都喜歡聽好話。當你要和不認識的人接洽時，對他的工作提出夠具體的讚美，讓你們的互動更與眾不同。

- 打自我推銷電話──勇敢去做。最糟的情況會是什麼？

- 聯絡時要聰明些──一旦你鎖定你欣賞的公司，要在戰略上思考怎麼和對方聯繫。找首席執行長還操之過急，所以需要做一些調查，找一些能幫助你的初階員工。

- 機靈些──不知道他們公司的電子郵件？
  只要你一知道他們公司註冊的網域（以我為例，我的是@gofundyourself.co），你就能用暴力試誤法去猜（我的是Alice⋯⋯）。

- 如果你還在學校，可以找一位導師──可能是學校老師，可以考慮正式加入指導計畫，有機會讓你和業內人士建立關係。

如何做出決定

> 不管面臨任何需要決策的時候，你能做最好的事就是下正
> 確的決定，次好的事是做出錯誤決定，最糟的是什麼決定
> 都不做。
>
> ——西奧多‧羅斯福

「你想做什麼工作？」這是傳統就業諮詢的預設大前提，
但我們不了解整個就業市場的複雜性（更別提它未來幾年後的
發展和變化），而且我們也不了解自己。不幸的是，前者是不
可能了解，後者我們表現得相當糟糕。知道哪些工作很酷，或
是知道能讓自己驕傲的工作是什麼，並不難。最難的也是最重
要的是，選擇一份我們真正喜歡的工作。擁有動力是成功的關
鍵，但動力不是某種要嘛就是有，要嘛就是沒有的東西。動
力，是當你把精力和時間投入自己真正關心和真正想要的事情
上時，你才會感受到的。當你不再看著時鐘，當你的工作不再
讓你覺得那是工作的時候。就像感情一樣，那些不屬於你的東
西，強求也求不來。當事情變得困難，很酷的新工作不再有新
鮮感或覺得酷的時候，你會很難長期堅持下去。

那麼，我們如何在一個有著無限選擇的世界前行，而自己
又對它有過高期望？我們做出更好的決定，建立一種包含工作

的生活，也就是工作生涯，不只是聽起來不錯，而且賺錢的同時，也不失去快樂？

第一步：檢查你的資訊來源

做決策需要資訊，如果資訊有問題，那決策也會跟著出錯。在成長的過程中，我們發現自己吸收了各種工作的相關資訊，比如說哪些工作比較有聲望，哪些工作薪水高，哪些工作需要更高的學歷。我們也從周圍的人了解到什麼是「成功」的定義。所以，你自己父母是否喜歡他們的工作，無疑會影響到你對工作的看法。你可能會被一些大人啟發，覺得他的工作很酷，或是看到家裡有人因為厭惡自己的工作，而不斷推遲。這些資訊是有用的；它幫助我們建立成功的模式，了解外面的機會，並向更有經驗的人學習。

然而，碰到要在自己生活中進行決策時，有一個更重要也更公正的資訊來源被忽視：我們自己。雖然這聽起來像廢話也很老套，但我們對職業做出怎樣的決定，特別是做出錯誤的決定，往往不是取決我們自己，往回推想，可以發現是因為生活世界對我們的期許和壓力造成。安寧療護的護理人員，最常聽到自己的病患最大遺憾，就是「一直過著別人期望的生活，而不是自己真正的生活」。不管是名聲、財富，還是明星公司的頭銜，我們對「成功」的定義，往往偏向社會告訴我們的前進方向，而不是我們自己對生活的看法。當然，這沒什麼對錯，

但好的決策往往是基於我們對自己的了解，知道自己喜歡什麼，而不是自身之外的資訊。

不幸的是，教育體系並不是為了這種自我探索而設計的。學校和大學課程的重點，是讓學生替工作生涯做好準備，這可以理解，因為會幫人省去許多彎路。說不定你在科學方面有著過人天賦，所以學這些學科是有意義的。於是，你得到了微生物相關學位，此時你能意識到你真正想成為的是一名平面設計師。

正如學校裡學生排名是以成績來衡量，而大學的排名是以就業率，而不是職業滿意度。在我們能在人生中扮演好什麼角色上，他們做得很出色，但幫助我們理解自己真正**想要什麼**，卻不怎麼在行。這兩者之間有個微妙但很重要的區別，就是持續四十年的星期日是否會感到憂鬱，這就是是否找到自己真正熱愛職業的差別。

我們有兩個選擇。我們是要依循他人的模式，照著他們對成功的定義做出選擇。還是要自己定下規則，以我們對自我的認同、技能、優勢、興趣，和理解能力為基礎，建立自己的模式。只要了解你想要什麼，便能燃起你的雄心壯志和決心去追求，你一定會的。即使追求後失敗，結果不如預期，你會痛苦。但要是你一直在追逐的某樣事物，直到最後才發現那不是你真正渴望的，那就會更痛苦。

第二步：你是誰？

在台灣和日本之間的海溝，有一系列島嶼，叫沖繩列島。除了湛藍的大海、亞熱帶氣候和沙灘外，沖繩有其他因素受到眾人關注。不是島嶼本身，而是上面的居民，他們以擁有世界最高平均壽命而聞名，有四百多名百歲以上的老人居住在島上。

那麼，那個長壽島和「做出更好的選擇」有什麼關係？根據「藍色慢活區」的研究者，丹·布特納的說法，沖繩人之所以長壽有很多原因，其中一個，是他們重視並且了解自己的「IKIGAI」，這也稱之為「生之意義」。就西方社會而言，我們更傾向把工作視為必要之惡。這是我們之所以存在的理由，很世俗也很必要；但它阻擋了我們找到自己真正想要做的事。我們社會對「什麼是工作」和「什麼不是工作」有著明確區分。我們會區分「退休前」和「退休後」，「工作」和「娛樂」；這些詞相互矛盾。

然而，沖繩人採用完全不同觀點。工作是生活的一部分，所以他們根本沒有「退休」這一詞。他們相信，要過上有意義的生活，就得找到並發現自己存在的理由。關鍵是，它不會是其他人覺得你應該要做什麼，或是社會覺得你應該要做什麼。「IKIGAI」替你創造了一個框架，讓你能依據自己的條件來決定什麼才是成功。

重要的是，它並不要求「成功」只能有一種維度的定義。它代表了「成功」的人生，有各種不同的組成，每個成分對不同的人有著不一樣比重的意義。

下圖可以解釋什麼是IKIGAI。它把充實的工作生涯各個面向和組成都畫出來了：做你喜歡的工作，提供這世界需要的東西，賺錢，磨練自己所選，使自己變得更擅長。

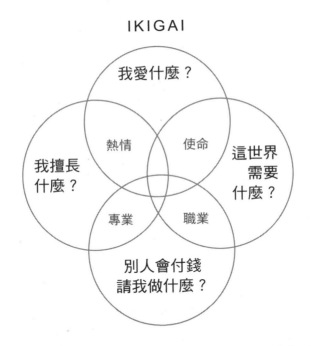

IKIGAI

我愛什麼？

我擅長
什麼？

熱情　　使命

這世界
需要
什麼？

專業　　職業

別人會付錢
請我做什麼？

我並不建議你用這個概念，當成你後半輩子用來不懈地尋找熱情或工作的標準。這種想法沒什麼幫助，更別說太過理想化了；也許此時此刻是正確的，十年後可能就不是了。「追隨

你的熱情」的說法很誘人——誰不想追求除了「工作」以外的東西？但除了十二歲就達到小提琴八級水準的神童，或是生下來註定要成為諾貝爾獎得主的天才數學家外，絕大多數人不知道他們應該做什麼，更不用說他們知道自己的「熱情」在哪了。我們大多數人只是在蹣跚學步，希望能在偶然中發現自己熱愛的事。不過很可能白費力氣，自己內心的聲音都告訴自己，宇宙中有某個地方叫做「熱情」，正等著我們去找到它。雖然對那些已經「找到」自己存在理由的人而言，這種看法可能很浪漫，但對大多數人來講，這只是一個殘缺的意識型態。

找到與你成功模式相符並有意義的工作，也不代表你終於可以開始工作、凝視著辦公室，然後從此過著幸福快樂的人生。對自己工作感到滿意，並不是一件非黑即白的事，也不是突然就悟道，成功是一個過程。

請這麼做 〉〉〉

1.你是誰？

運用IKIGAI的方式，找出你到底是誰。這些因素和你的成功模式有什麼關聯？成功的工作生涯長什麼樣？除非你知道幸福長什麼樣子，否則你沒辦法做任何事改變「不幸福」的事。

拿四張紙，為以下每個項目盡可能寫出所有想得到的內容。如果需要的話，可以回答下列的提示來幫助自己。

①**我愛……**舉例：回想一下在工作或在學校的日子，有哪些時光讓你感到時間過得特別快，做起事來毫不費力。什麼樣的工作讓你感到振奮。什麼樣的工作讓你感到厭惡？你每天不需要做些什麼？

②**我靠什麼賺錢……**舉例：需要多少錢才夠？（這個問題之後會再談論，參見第63-64頁）你喜歡奢侈品嗎？

③**這世界需要什麼？**舉例：誰鼓舞了你——他們有什麼讓你欽佩之處？你的價值觀是什麼？你對什麼有強烈感覺？什麼是不公平的？

④**我擅長的是……**舉例：你覺得自己做什麼，比其他人更得心應手？別人在什麼事情上會向你請教？你在學校裡成績最好的科目是什麼？

從這四個方面思考，把腦中想到的任何東西都寫下來。如果卡住了，試著回想小時候的你喜歡做什麼？哪些科目你更能上手？忽略任何那種「啊，只是運氣好」或是「這技能賺不到錢」的想法，把它寫下來，不管它有多難描述。

一旦你都把答案寫上了，試著找出有沒有重疊的東西。

記住，這不是用來檢驗工作，看它符不符合要求的勾選檢查表。相對地，可以把這四個部分看作是四個不同的光譜。舉例來說，你可以有份自己並不真正喜歡的工作，但它的薪水不錯，對社會算有貢獻，加上自己也很擅長。透過這種方式，能讓你了解什麼對你來講是重要的，以及在目前情況，你已經掌握什麼或是還不足的部分，如此一來，你可以找出自己對成功的定義。

2.評估你目前的職業生活

　　想想你目前的工作在那四個光譜上的位置。如果你還在學，沒出社會，那這一段可以跳過。

　　重要的是，這四個方面不見得一定都得透過工作來得到。你也許可以從生活中的其他方面得到滿足。例如，可以當義工，讓你覺得對這社會有所貢獻，提供服務給社會。

　　我喜歡我的工作

不同意　　　　　　　　　　　　　　　　　　　同意

　　我有理想的薪資

不同意　　　　　　　　　　　　　　　　　　　同意

　　就我看來，我的工作對這世界有益

不同意　　　　　　　　　　　　　　　　　　　同意

　　我很擅長自己的工作

不同意　　　　　　　　　　　　　　　　　　　同意

所以，不要以為找到「熱情」，自己就能擁有成功和幸福。相對地，成功應該是自己定義的，並且視為一項持續不斷的終身工作。與其說想找到「理想工作」，不如說，你理解自己對成功的定義，然後朝著它前進。

第三步：想想五年。

……繼續從事不喜歡的工作，就為了讓履歷更漂亮。不覺得這像是把你的性愛額度存下，留到晚年嗎？

——華倫・巴菲特

對於那些知道自己想做什麼的人來說，尤其是類似醫學這種行業，長期計畫就是有意義的；你很清楚自己要越過怎樣的障礙、要取得什麼樣的資格，以及要花多少時間做出決定。但對於大多數的職業而言，長期計畫並不適用。隨著我們開始工作生涯，我們就有機會以自己希望的方式打造個人的職業道路。事實上，傳統的職業規劃毫無意義；我們也知道，這世界變化有多快，而我們也是一樣。它很可能會出現這種情況：我們想像自己的目標，在十年內說不定就消失了，又或是已對它不感興趣了。

但我**很愛**計畫。不管是制定戰略、假設、最大化自己的機會，我都樂在其中。說真的，完全放手，擁抱不確定性，這種想法還挺嚇人的。身為人類，我們從根本上對未知事物會感到

不舒服，很難消除不知道未來會發生什麼事的不安。

但要考慮太過遙遠的未來，風險在於，我們就會以為「時間」和「金錢」是同一層級的東西；你用錢投資股市以期未來賺更多錢，可是你如果把時間投入某件事；這個和股資股市就完全是兩碼事了。當然，投資期間可以創造機會，這表示你可以用不同方式度過這段時間，例如，把七年的生命投入在醫學院，然後你成為了醫生，靠行醫收費來回收報酬。但畢竟「時間」和「金錢」不同，你得到的回報不可能是「時間」，你擁有的時間是固定的。

經過多年的正式教育和資格認證，向你保證未來會走得更順，於是我們出社會進入職場時，很容易有類似的心態：從事你不喜歡的事，只因為它能「裝飾你的履歷」，然後保證你未來會走得更順。某方面來說，這也不是壞事。人都必須從某個地方開始，尤其是自己還很嫩的時候，難免會從事些我們不得不忍受的瑣事，或是一些我們不喜歡的工作。

但我們的底線在哪？什麼時候，我們的人生從「期待放假」變成了「期待退休」？我們什麼時候能因為出自內心的意願而接下一份工作，而非為了度過一個難關才不得不做？只是這種工作可能是我們從來沒做過的。我們把整個工作生涯都花在「推遲自己的幸福」，希望我們的「延宕享受」的能力，有一天會得到回報，這回報就是能做自己真正想做的事。華倫·巴菲特把這種裝飾自己履歷的作法，比喻成「把你的性愛額度

存下，留到晚年」，「好像總有一天你能做自己想做的事。做一份你喜歡的工作」。這並不是說，我們要挑輕鬆的來做，只做能讓自己高興的事。如果是這樣的話，我就會把紐約起司蛋糕當成早餐。在你二十幾歲時，學習的重要性應該排在前面，大多數時候，學習是枯燥乏味的。但是為了不要掉入「活著就為了退休」的陷阱，我們需要一個能夠想像得到的一個目的地，一個可能在未來三到五年內能達成的目標。

第四步：所以，你想變得有錢。

如果有人說，錢買不到幸福，請他立刻把錢轉到我的銀行帳戶。我們很常聽到這樣的話，這會讓我們對自己工作賺來的薪水感到些微欣慰，哪怕只是微薄的薪水。說真的，還滿有用的。對這問題有很多研究，普遍的共識來講，是的，錢的確會增加幸福感，但只在一定範圍。研究提示了不同的結論，當個人年收入到了三萬五千英鎊左右（約台幣一百三十萬），收入再增加，對幸福感的提升比例會愈來愈小，反而夢想、家庭、健康會變得更加重要。當然，這只是一個概括的說法，要有多少錢才會達到幸福感的峰值，會因人而異。生活在富裕的地方、發達的城市或是你需要養一個家庭，這表示你可能需要更多的薪水才能滿足。然後，錢對幸福感的影響，超過一定後就會減弱。這結論幾乎適用所有人。

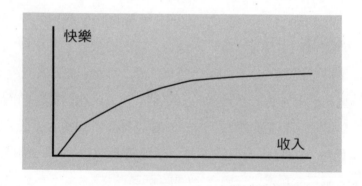

　　錢和幸福之間的關係是個複雜的問題，而社會上對有錢的態度，也讓人們產生了兩極的看法。一提到錢，我們的文化中有兩種觀點。一種是反對財富，覺得錢是最低階的善；而另一個則是傾向對錢無盡讚賞和追求。沒有中間選項，你可以說自己想要賺更多錢，但又不貪婪。只有當錢已經不是用來滿足你的工具，而是你把賺錢本身視為目的時，這才是真正危險的。自我是需要維持的，不管是社會地位、權力或是成功，多少都需要一些世俗東西。

　　與其讓社會文化告訴你該怎麼看待金錢，不如自己替自己決定。在第55頁，有IKIGAI圖表，裡面有提到工作賺錢也是成功的工作生涯的一部分，但問題是，在多缺錢的情況下，才會讓你有賺錢的動力？以及你想要賺多少，又需要多少錢？了解這一點，不僅有助於選擇自己的職業，而且這方法十分強大，可以克制自己無限的野心，不會一心只想成為「他媽的有錢人」！

那麼，你的想要和需要又有什麼區別？你自己是怎麼計算的？

請這麼做 〉〉〉

你的理想收入

1. 定義你的財務「需要」

需要——保持身體和心理健康所需要的支出。

看看你過去三個月支出，把你認為可以歸為「需要」的支出加總起來。這是你需要的收入金額——每個月為了擁有健康身心生活，所需要的花費。如果你經濟正十分的窘迫，帳單裡並不包含你全部需求，那就再想想你缺少什麼，再把它的金額加進去。

2. 定義你的財務「想要」

想要——讓你生活更愉快、更舒適，讓你更能迎接未來挑戰。

接下來，把你認為屬於「想要」的支出加起來。

想像一下，在這世界上沒有人會看到你擁有什麼，或是把錢花在什麼上面。這種想要並非是擁有「別人看到後會覺得不錯」的東西，這種東西一直都會有。

相對地，它應該是那些能持續讓你感到滿足的事。

還有什麼能讓你生活更輕鬆、更愉快、更舒適，能讓你為未來做好準備。有的人也許是度個假，有些人可能是每月做一次造型。

3. 再加上你的「目標」。

目標——為了實現長期目標，存下部分的錢。

如果你是使用50:30:20的預算比例（我們會在「花費」那章提到，第162頁，這部分的錢應該佔你稅後收入的百分之二十左右。

怎麼計算你為額外「目標」該存的錢：

（0.2×〔想要＋需要〕）／0.8

4. 計算你的理想收入

需要＋想要＋目標＝理想收入（稅後收入）

這就是你的理想收入；粗步估計，為了能過上更好的財務生活，需要的總金額。說到賺錢，當然要先確保你先要滿足在財務上的「需要」，但如果注意力放在「理想收入」上，它會允許你能多要點個人物慾。誰不想要很酷的東西！？知道自己的理想收入也能幫助你更好選擇你的職業，並更現實地看待自己的工作。如果你的「理想收入」非常高，那麼有個低薪工作會是個非常困難的挑戰，你得考慮自己得放棄掉哪些。你得要更現實地評估自己的「想要」，不然就要看看是否有薪水更高的其他工作。

第五步：採取行動

「成功」的敵人不是「失敗」，而是「無所作為」。

第二步的目的，是為能確定你理想的工作生涯外，還要考慮你目前的現況。得要有所行動，才能讓你從目前的現況，移動到五年後的理想未來。

當我想像自己的工作，盡是厄運不祥，就不可能採取行動。萬一我選錯了怎麼辦？其他我沒選的呢？我會永遠無法回頭重選！但工作不是這樣的。只要透過動手、嘗試、行動、質疑、更多行動，我們才能檢驗自己在想什麼，能夠更了解我們自身。

在行動中你不但會更接近你最佳的職業生涯，實際上也正往你的目標前進，是這樣的過程讓你感覺很好，而不是抵達終點。想一想，當你度過一個有成效的一天，在待辦事項清單上打個勾，感覺真是太棒了。不見得要取得什麼巨大成就，或是到達一個重要的里程碑，而是因為我們離自己想要的東西更近了。到達目的只是錦上添花，但如果你無法享受這過程，那麼目標一定是設錯了。

第二節　做出改變

好的決策取決於過往經驗，而過往經驗來自壞的決策。

——馬克‧吐溫

在某個時刻，我們會質疑自己的決策是否正確。當時可能是對的，但現在可不一定，有時候需要嘗試別的東西，才能意識到這工作是不是你該走的路。你會變、各行各業會變、公司也會改變。

下一節，我們會看看你的職業生涯是怎麼變的：從「苦惱」變成「我的天，我人生到底怎麼了？」

掌握基礎需求

知道自己的工作不太對勁，有可能表示你完全選錯行了，但也可能只是缺少一些很根本的東西。當我們思考什麼是「好工作」時，腦海中會浮現什麼？某個行業？某些特殊技能？資格證照？職業頭銜？工資高低？這些當然都很重要，但我們很容易忽略基礎的東西：我們在工作中最基本的，能讓我們在工

作中更快樂的東西。

在你面對四分之一人生危機前，有必要評估一下現在工作或是職業中，有沒有可以補救的地方。研究顯示，有五個關鍵的基礎需求，能提升我們工作的滿意度。這五個不是什麼特定職業或是個性要求，它們的重要性是通用的，不管你是誰或是有什麼樣的抱負。也許你已經找到完美的工作，但要是沒有這些，你也很難長期保持快樂。

支持自己的同事	☑
工作保障	☑
你覺得自己的待遇不平等	☑
長時間工作	☑
合理的通勤	☑

1. 合理的通勤

沒有人喜歡長途通勤，事實上，這種厭惡正是推動房價的動力。以倫敦市中心來講，多一分鐘的通勤時間，每年平均房租就少了近三千英鎊（約台幣十萬元）。對大多數人來講，通勤是生活中不可避免的一部分，英國勞工平均每一個人一輩子花在通勤的時間，有四百天之多。長時間的通勤不只會讓工作滿意度下降，還會讓身心健康受損，其中最嚴重的是，那些花一小時以上時間在公車上的人。

你能怎麼做？

現實上來看，房租愈高，在城市裡的人的通勤也不可避免地更長。但這種犧牲掉自己寶貴時間和幸福所省下來的錢，真的值得嗎？假設你通勤到工作地點會有二十分鐘的路程，每個月能多省五十英鎊的房租。如果你不缺錢，而且也沒有其他基礎的問題，那就計算一下省下的這些錢是否值得。舉例來講，假設每天通勤要花四十分鐘，一個月累積起來也超過十三個小時。時間是我們最寶貴的資源，你會把這十三個小時拿來換五十英鎊嗎？想一想，這些時間還能用來幹什麼？也許可以多工作一段時間，替升職加薪做準備，又或是兼職自己的副業。

2. 工時過長

僱主們會大肆宣揚工作與生活要保持平衡，但實踐起來往往有一定的落差。雖然大部分的僱傭合約上面都保證每週工作四十個小時，但工作場所和文化對工作時間的不同期待。招聘廣告上面寫的工作時數，不見得應付得了額外增加的工作量，會經歷所謂的「旺季」，或者加班也很常見。但如果你發現，自己已經很久沒有下班後和朋友一起晚餐，或是不斷調整和改變健身運動時間，那可能要評估一下你工作跟生活之間的平衡是否出了些問題。

你能怎麼做？

當然了，在工時方面，不同的行業會有不同的期望跟要求。通常跟工資也有一定程度的連帶關係。比方說，在金融業，可能朝九晚五的工時就沒什麼問題。那麼，要是你喜歡自己的工作，你願意在上面花多少時間？要是發現長時間工作不適合自己，這也沒什麼可恥的。同時，也可以看看比你早進來五年的同事，他們過得如何。工作和生活是否有達到你所期待的平衡？

如果你的工時，和業界標準不太一樣，那你可能被困在一家資源不足，或者是有「假性出席」的公司裡。「假性出席」一開始指的是，員工在身體不適的情況下還勉強上班，它代表一種消極的公司文化。英國人力資源協會描述其根源，來自對工作的不安全感，怕被貼上懶惰標籤，或是高層管理人員太看重工作效率，而輕忽員工士氣。聽起來有沒有覺得很熟悉？如果覺得很熟悉，那你第一個反應應該是直接向經理或是人力資源部門提出。如果可能的話，看看能否和同事間取得共識，看他們是否有同樣的感覺。當然了，職場文化根深蒂固很難改變，要是試了很多方式都沒用，也許是該離開找新天地的時候了。開始留意同業裡的其他公司，確保他們所期望的工時是多長，有個具體客觀的時間。

3. 你感受到不平等的待遇

這很傷人。事實上，我們的薪水就像是我們個人價值觀的反應，所以發現做同樣的工作，但別人薪水卻更高，感覺就像是被打了一記耳光。在英國，過去幾年內，都圍繞怎麼提高工資問題，使薪水出現了增長。最後還立法，擁有兩百五十名以上員工的公司，在法律上有義務要公布不同性別的薪資差距。但，「同工同酬」和「性別工資」，是不一樣的東西。

同工同酬——按照二〇一〇年的《平等法》規定，同一間公司，從事相同工作的男性和女性必須獲得同等報酬。員工有權得和公司內「參考標準」有一樣的薪水。所謂的「參考標準」，是指和其他做著「相同價值」、「內容大致相似」或是「被評定為同等付出」工作的其他員工。

性別工資——是衡量公司內勞動人口男女雙方的平均收入。它以男性收入當成百分比的標準來表示。在英國，整體上男女不同性別有18%的性別薪資差距。

你能怎麼做？

要處理你覺得不公平的報酬很複雜。原則上，我們應在不會危及當下工作未來的前提下，表達自己在薪水方面的擔憂。

但可悲的是，這原則往往無法在實踐中落實。要是你覺得自己的薪水低於同行的平均，那就簡單得多了。從徵人廣告和薪資網蒐集證據，建立一個強而有力的提案，在下次績效考核中提出。跳槽到另一家公司，保證自己薪水也是一個好方法。另一方面，要是你覺得自己可能受到不平等待遇，你有絕對的權利採取行動，但也得小心謹慎。要是你覺得不是只有你有這種不公的狀況，那麼從團體中尋求支持和找尋證據會有所幫助。不平等薪資的索賠可能會很混亂，所以確保你有遵循公司程序，並且適當向人力資源部表達意見。就算這樣，別忘了，人力資源部仍是站在公司立場，所以如果用盡所有辦法仍沒有進展，那你可以尋求法律支持。

4. 工作沒有保障

偶爾擔心自己工作是否穩定，是很正常的——但當你有什麼不妙的直覺，好像要發生什麼事、聽到裁員消息傳出、重要會議不再通知你，那就要有所警覺了。

你能怎麼做？

面對工作不穩定的恐懼，最好的策略是專注在你能控制的事情上。與其讓恐懼吞沒你，不如把它變成正能量，替自己制定一個遊戲規則。在工作中，保持自信、專業、保持出色表現。檢查你的合約，看看解僱通知期限的相關說明，確保你的

權利。下班後，制定備案計畫，確保你有辦法找到新工作、重新從戰略上思考怎麼讓它變成一個偉大事業的開端。有時，解僱也是一種變相的祝福。也許這會逼你去做自己一直想做的事，推你一把。

5. 支持你的同事

英國電視劇《辦公室》裡有一集，毫無戒心的葛瑞斯回到辦公室，發現自己的釘書機被包在檸檬果凍裡，這是個惡作劇，他的同事覺得這很搞笑。撇開這果凍的惡作劇，和同事愉快相處，哈哈大笑是工作中最美好的事物之一。你和自己另一半、父母、最好的朋友、兄弟姊妹或是貓咪處在一起的時間，很可能比不上和同事相處的時間長，那麼你最好確定你喜歡自己的同事。工作上的消極，也會慢慢催化身邊人的痛苦。喜歡你的同事，不僅會讓工作變得有趣，而且有他們的支持，你的職業發展也會有很大幫助。

你能做些什麼？

僱主會吹捧他們獨特的公司文化，但其實這並不純粹是吹噓。這真的很重要。也許你工作表現很出色，但要是和同事沒有往來，工作生涯實際上可能不會過得太好。你在什麼樣的文化下成長？喜歡在星期四下班後來一杯嗎？還是更喜歡在午餐時間看書？怎樣的環境會讓你每天工作都有效率，更積極？你

在找工作時，不要被可以午休還有會提供義大利氣泡酒的條件給誘惑，多做一些深入調查，弄清楚這公司文化是什麼？如果需要，把自己變成秘探，追查以前員工，看看他們為什麼離職，然後在網路上搜尋一些實際的評論。

如果你在目前工作中得不到支持，在離開前請確定你已用盡所有方法。找找看有沒有前輩可以諮詢、給一些意見或能讓你問問題，或是什麼樣的人可以充當你的導師？如果你開口問，他們也許會有點驚喜，而且一定會有寶貴的經驗和人脈，你可以從他們身上學習。

巨大改變

> 如果你不喜歡某個東西，那就去改變它；要是你改變不了它，那就改變自己的態度。
>
> ——馬雅・安傑洛

改變是好事。唯一的問題是，這麼做太可怕了。我們天生就排斥這種做法，而且會找一堆藉口得以留在原地。從進化的角度來看，這完全合理。要是我們目前狀況沒有給我們帶來危險，有瓦遮頭，飲食不缺，那內心裡的穴居人就覺得這已經很屌了。他最不希望你改變現狀，像是把工作辭掉，把得來不易

的安全感和保障丟入未知的險境中。他更喜歡目前可以預測有保障的環境，就算保障每天都會有屎掉在你頭上也行；不喜歡改變現狀後要面對的未知，就算可能有什麼偉大發現也一樣。他一點也不在乎你是否已經定義了你的IKIGAI，或是找到你的人生目的。結果，自己一直被糾纏在「當下生活的安全感」和「我們真正想做的事」之間，長時間困在當下的環境，而這個環境並不真正能帶給我們快樂。你腦中的尼安德塔人不僅成功說服你「堅持你討厭的工作，會比做出改變更好」，而且他還是個悲觀主義者，過分誇大做出改變後的風險。他會歇斯底里地告訴你一定會出錯，然後把後果形容得像大災難一樣，想像出最可怕最糟糕的情況。

行為科學家稱之為「現狀的偏見」：我們天生傾向什麼都不做，不會改變行徑路線，改變決定，從而保持事物現狀。行為經濟學家康納曼和特莫斯基認為，那是因為我們不計代價在減少損失；如果我們做了決定，產生了不好結果，我們會非常後悔。這悔恨程度會高過什麼決定都不做，但也產生一樣程度的不好結果。在到處都是獅子老虎的石器時代，這種行為能讓我們減少受傷，但在現今的社會則會毫無幫助。一談到職業生涯，這種想法會誘使我們不做決定，慢慢地愈來愈認命，認為我們無法圓夢，去追求自己真正想要的東西。

我們甚至看得到這機制是怎麼作用的——想想看，你一定有個朋友，每天抱怨工作抱怨個不停，但從來不做任何改變。

或是另一個朋友，有著一百萬個經商念頭，但從來沒放手執行過。要擺脫這心態不容易。接受改變，採取行動是個痛苦的過程，但只要腳踏實地去思考，要實現自己的想法，是有可能的。

如果我往下掉了怎麼辦？哦，親愛的，你怎麼知道自己不會是往上飛呢？

——艾琳・漢森

放手一搏

我們之所以會這麼抗拒改變，有一個原因在於，我們可能已經在自己不想要的事物上，投入了太多不必要的時間和精力。一旦改變，像是要從頭開始，那寶貴的時間真的就付諸東流。我知道什麼都不做有多麼誘人，會希望有天能升職加薪，說不定事情會自己改變，日子也變得好過；但正是這種想法，威脅了我們的「時間」和「幸福」。

有個非常真實的案例，說明堅持己見帶來的可能危險，那就是知名的寶麗來相機公司。在六〇年代到七〇年代，寶麗來業務蓬勃發展，相機銷售額佔美國電視電影市場的百分之二十。他們就是那個年代的蘋果公司，在他們巔峰時期，有超過兩萬一千名員工。創辦人埃德溫・蘭德是一位科學家，帶來革命性的技術。他一生大部分時間都致力在研究和開發拍立得的

攝影技術，想辦法讓一張相片能在六十秒或是更短的時間內完成拍照和沖洗。後來他成功了，但到了八〇年代，數位相機的技術突然起飛。雖然寶麗來在數位相機也有所投資，但蘭德公司裡有一種反數位的文化。他投入太多的時間、精力，在開發最好的拍立得技術，所以他拒絕接受該做出改變的事實。他的商業戰略是基於這樣一個原則在走：客戶希望透過實體照片來保存記憶，而不只是數位資料。世界正在變化的事實，會和蘭德投入的一切以及其公司的原則背道而馳。因為改變策略太難以接受，下場就是，該公司在二〇〇一年申請破產。

人有傾向，會堅持自己過去做過的決定，就算新的證據和事件已經證明之前的想法不合理也一樣。這也稱為「承諾的偏見」，會犯下這種錯的不只是大公司。為了保持自己的自尊，我們會盡一切努力來避免自己前後矛盾。我們喜歡堅持己見，相信自己之前的眼光，就算在現實中已經知道，做另一個選擇會更好，也難以動搖對自己的信念。而這種傾向，也時常同樣影響著我們在工作上是否要轉換跑道的想法。就算內心深處知道，需要做一些不同的事，但仍忍不住想到，能走到今天的位置，也投入了不少時間和金錢。心理學家艾倫・特格在《沉沒成本》一書中，對美國越戰提出評論：「戰爭持續得愈長，勝利的戰果就愈小，也愈難證明持續投入戰爭的決定是合理的。同樣地，時間愈長也愈難證明，戰勝的戰果可能彌補參戰的巨大損失。」我們也身處類似的戰爭中，花了數千英鎊上大學，

或是在某一行業投入巨資，而深感擔憂。我們會很難承認，這些資源本來有其他更值得投入的地方。在商業中，經濟學家稱這個叫「沉沒成本」：無法回收的成本，就是無法回收。不過，把你的職業想像成是自己的投資公司，就不會那麼枯燥沮喪。雖然這比喻會有一些失真，但你投入的時間，一定會有些成果出來。不管是建立良好的人脈、在履歷上多一筆資料、學一項新的技能、多賺了點錢、得到一個人們稱羨的經歷，或是至少了解了自己不想做哪些事。就像投資公司一樣，長保在工作方面持續成功並且快樂的關鍵，就是知道什麼時候轉移投資標的，做出新的決定。不要當下一個寶麗來，害怕失去而抗拒改變；沉沒成本直接認賠，對已得到的收益心存感激，然後開始你新一輪的投資。

永不嫌晚

　　一九五五年，肯塔基州路易維爾，六十五歲的哈蘭德決定退休。他做過許多工作，從蒸汽機加油工，到保險推銷員，還有加油站操作員，以及一連串失敗的生意。堆積了許多絕望和悔恨，他提起筆開始寫自己的遺囑，打算自殺。他想起了自己希望中的生活，想到對烹飪的熱愛，也想起自己有多麼希望能用使用烹飪技能賺錢。他知道自己很有天賦；在經營汽車旅館時，曾發明一種神秘配方的炸雞，深受客人喜愛。看來，有人很喜歡吃他的美味炸雞。哈蘭德從絕望中掙扎站起，用僅有的

一〇五美元，開辦一家特許經營的公司（也就是加盟店）。開始向全國各地餐廳，出售自己的炸雞食譜，短短幾年，公司據點就擴展到六百多間。到一九六四年，已經七十三歲的他，以兩百萬美元（購買力來看，相當於今天的一千六百萬美元）出售了肯德基炸雞公司。

　　肯德基的故事是一個很好的例子，說明重新開始永遠不嫌晚。在這麼多成功故事的背後，往往充塞著漫長的混亂和重新找尋方向，也經歷不少失敗和懷疑。要做出改變，不僅需要我們克服一大堆實際障礙，還有心理上的障礙要克服。我們會擔心別人怎麼想，擔心自己的自尊心，怕我們輸給自己的朋友。我們二十幾歲時很容易有這種想法；好像我們在比一項軍備競賽。任務是：畢業、找工作、結婚、賺到人人稱羨的薪水。所以，我們發現自己不在自己喜歡的地方，但要做出重大改變的想法，就好像自己在往後退；這樣想也不足為奇。會丟臉地重回「偉大職業競速比賽」的起跑線上。其實，它是個比賽沒錯，但不是你想像的那樣。當你把生活當成賽跑，眼睛盯著別人走過的路徑，那你已經輸了。真正比賽的對手是你自己：你有勇氣追逐自己真正想要的嗎？你應該擔心的是六十歲時候的自己，而不是任何你的同輩、父母或是裴德姨婆會怎麼說。無論是商業冒險、一份新工作，還是失敗的轉職，能夠影響你是否成功的關鍵在於你想成為怎樣的人，而不是你錯失了什麼樣的機會。

擁抱你的故事

> 除了養育、安居、親密陪伴外,「故事」是我們在這世界
> 上最需要的東西。
>
> ——菲利普・普爾曼

人類為故事而活。這就是為什麼我們一直在看《愛情島》[3],
為什麼政客會當選,為什麼罪犯會越獄。「故事」代表生活中
的不可預測性和各種懸念。要是生活是可預期的,就不會有故
事了。故事幫助我們建立自己的身分,讓人們能互相聯繫。我
們也可以在自己的職業生涯中利用說故事的力量。以哈蘭德・
桑德斯上校為例。他在創辦肯德基之前,自己並沒有想擺脫曾
經歷過的混亂和抑鬱,而把它變成自己成功的一部分。肯德基
的品牌沒有迴避哈蘭德背後的故事,而是找了一組公關團隊,
讓他的故事變得更正向,更吸引人。他們接受了他的心路歷
程。甚至在公司被收購後,哈蘭德成為肯德基的品牌大使,拿
著薪水在世界各地講述他的故事。哈蘭德一九八〇年去世,但
直到今天,仍有像我這樣的人繼續在分享他的故事。

職業轉換會讓人感到混亂,好像不在軌道上,沒有明確目

---

3 英國真人秀節目,其中有一群參賽者在西班牙的一座華麗別墅
中與世隔絕,同時不斷被拍攝。

標。然而，工作一路平穩的日子，已經隨著時代過去。改變是唯一能確定的事，就我們這一代人的工作經驗來講，這是再真實不過的事。

艾瑪・羅森發現自己辛苦得來，備受人們尊敬的研究生工作，並不是她想做的事，她決定繼續尋找自己。有的人面臨這狀況時可能會擔心自毀前程，但她則是遞交辭呈，說她要休一個「超激進的長假」：在二十五歲之前，以一年時間嘗試二十五種行業。艾瑪實踐自己兒時的夢想，做過各種工作，包括在外西凡尼亞考古、在委內瑞拉暴力抗議運動中、擔任導遊、在全國性的報社擔任調查性新聞記者、在大銀幕電影裡當臨時演員。艾瑪的「為何不試試」的態度，沒有讓她的工作生涯毀掉，事實上，正是這個決定了她的工作生涯。她的冒險經歷，證明了放膽去做的力量，現在她是名作家和演講者，向英國許多公司和學校講述她的故事。

張開雙臂擁抱你的故事，學習如何將自己的混亂，變成一個絕讚的好故事。不要把轉換工作當成砍掉重來，把你的故事穿插進去，善用它來為你帶來好運。是什麼促使改變？你是否經歷過某些特別的挑戰，才達到現在的成就？你以前的經歷，和你下一步要做什麼有什麼關係？創造你自己的故事，不僅會幫助你記得更牢，也會讓你更容易和他人建立關係。你的故事是你最強大的資產，它會讓你與眾不同。

「失」開頭的字

我是一個老人，有著很多煩惱，但大部分都沒有發生。

—— 馬克・吐溫

有句格言：「如果你無法做好計畫，那你就是在計劃如何失敗。」它至今依然適用，而且在轉換職業上特別準。通常，我們遇到最大的心理障礙是恐懼。恐懼失敗、恐懼後悔、恐懼落人口實。這些都是很強大的情緒，除非處理得當，不然很快就會癱瘓我們，讓我們嚇得發抖。改變是會有壓力沒錯，但開始解開你的恐懼，會發現內心怕的其實是「不確定」，因為不知道未來會發生什麼事。你可以帶著世界上無比的熱情，投入新的事物，但仍不確定這麼做的後果。我們必須承認，世界上存在一些自己無法控制的因素和各種未知的影響。然而，要是能認識心中懼怕，把自己能控制和不能控制的事物分開，那它就不再那麼可怕。一開始我們看到的會是「我的老天啊！」級別的災難性後果，但事實上它可能只是一個「啊，好煩喔」等級的事情，而且大多是能解決的。企業家兼作家，提姆・費里斯把這過程叫做「恐懼設定」。

定義你恐懼的事物

1. 首先，開始思考做出改變真正會發生的風險是什麼，你要怎麼預防，以及要是最糟的情況真的發生，你能怎麼補救。完成下表：

   - 行動——你想改變什麼？（例：重新學習，當個心理治療師。）
   - 定義——如果不順的話會怎麼樣？你最怕的是什麼？
   - 預防——你要怎麼預防你最擔心的事成真？
   - 彌補——要是真的發生，你要怎麼彌補？

2. 稍做改變和嘗試的好處可能會是什麼？（例：你會學到一項新技能，更容易找工作。）
   - 六個月內的嘗試。
   - 一年內的嘗試。
   - 三年內的嘗試。

> 輕鬆的選擇，帶來艱難的生活。
> 選擇困難，就能擁有輕鬆人生。
>
> ——傑西·葛雷哥雷克

第三章

創業

「創業」的簡史

　　幫助別人「做自己的老闆」本身就是件大生意。在網路上，會找到許多人生指引和各種大師，說會教你怎麼財務自由、每週工作四小時，還有自主接案的秘密。這種現象說明：有很多人發現自己和傳統就業模式格格不入時，慢慢地被另一種賺錢方式吸引。我們比以前任一時代都更想「創業」，或是開始一些事情。在二十五到三十四歲的年輕人中，有百分之七十的人有創業的野心，其中想要財務自由和自由獨立是最大的動力。

　　當然，開創新事業並非我們這時代獨有的現象。最早可以追溯到西元前一萬七千年，在新幾內亞就有「創業」的影子，那是最早發現人類改變行業的跡象。當地部落發現黑曜石很有市場，它是一種被用來製造工具的珍貴材料，他們會用它來交換其他有用的物資，諸如獸皮或是食物之類。到了西元前一萬年，農業革命開始，這是創業史上第一個轉捩點。村莊和城鎮在肥沃的土地上開始擴張，土地擁有者看到了新的機會：與其為了吃飽到處覓食打獵，為什麼不乾脆專門種植一種特定作物，讓全部人都吃得飽？然後讓多出來的人，可以專門從事其他活動，像是製作工具或是建築房屋之類，用這些產出來換取食物。數千年來，市場以及各種基礎設備就圍繞著專業化的

過程發展，為創新、競爭、新的商機創造了許多溫床。

　　雖然中世紀的企業主通常不像我們現在的創業家一樣，戴著玳瑁鏡框的眼鏡，蓄著整齊的小鬍子，但從古至今的每一種文化，總會有人發現不同機會，挑戰社會現狀。話雖如此，也許在今天，傳統行業已不能像幾十年前那樣，滿足我們每項需求，我們有更多動機想了解自己，並創造自己的事業。我們中有很多人對所謂的彈性工作有很大興趣，隨著時代過去，可支配的收入壓力愈來愈大，為了收支平衡，具有創業性思維已成為一種必要。技術發展也有一定推波助瀾的作用。網路平台的架設，網路商店和眾籌投資，只是這些新行業的冰山一角，它們極大化降低了創業和運作公司的門檻。

　　我們想做自己要做的事，而且要快：創業者平均年齡現在低到只有二十七歲，這還是有史以來第一次這麼低，戰後嬰兒潮世代的平均是三十五歲。但看倌們還沒做出判斷，看看我們是否真如自己嘴上說的，願意投入行動和資金。雖然有不少人想創業，但真正創造出來的事業，比以前任一代的人都少。有個現實間的差距；我們十分佩服的創業家，都是在電視裡看到的。像是《誰是接班人》和《龍穴》[4]這類的實境秀，只看到他

4　由五位坐擁至少千萬英鎊身家的成功企業家（Dragon）擔任評審，每一集都有來自不同行業經過篩選的創業者帶著自己的商業創意和投資計畫在他們面前進行簡短的遊說，以求在三十分鐘內說服他們投資。

們一舉成名，但沒看到他們在現實生活中做了哪些努力。

當然，並不是每個人都想創業，這也很酷。要是所有人都放棄朝九晚五的工作，希望明天就變成馬克‧祖克柏和貝佐斯，那經濟就會停滯不前。正如我在〈賺錢〉那一章所說，「建立你個人成功的模式」才是最重要的。不管是要一路升官發財，還是成為自由業者、還是創辦一家科技公司，都是在說你想過哪一種工作生涯。如果你覺得創業或是自由業是條糟透了的路，也沒問題。可以直接跳到第四章。

那麼，確實有自己想做的事，但還沒動手的人呢？為什麼他們沒把自己的企圖心轉化為行動？非常諷刺的是，其中一個最大的障礙，正是我們之所以想創業的動機：我們的老朋友，高收入但也高成本的夾縫生活。根本沒有財務上能喘息的機會來創業。我們想要也需要賺更多錢，並把自己正在做的事視為過程，但卻又沒有足夠的經濟保障讓我們飛躍這一障礙。這是一個惡性循環。能夠重複抵押房子，來替自己創業公司投入資金的時代已經過去了——很可能你也沒有房子抵押，對大多數住在城市裡的人來講，光是付租金就已經很困難了，更不用說會把錢存在，名為「也許我有一天會創業」的基金裡。

但也有心理因素在起作用。事實上，它可以說是最具影響力，但往往被人低估的東西，它不只對你創業有決定性影響，在其他事情上的影響也很大。從生活上的變化：你要如何教養孩子。到平凡的事物決定：明天中餐要吃什麼。我們對風險的

容忍度，決定了我們生活的基調，有著高容忍度是許多企業家共有的特色。這並不奇怪，創業的前期成本十分巨大：失去社會地位、財務安全、時間，有其他各種東西，所有付出都是期望有一天能得到回報。對某些人來講，上面就標示著「人間地獄」般可怕，但對另一些人來講，這就叫「自由」。其實是在同一個頻譜，只是不同標籤。現實是，並不是所有人都有創業能力。在這企業家就跟神一樣的當今社會，這事實讓人感到不安。

和許多事一樣，我們的成長期塑造我們對風險感知有很大影響，不光是家庭教育，還有身邊的社會和經濟環境。國家和全球變化，不管是金融危機、學生貸款，或稅收政策的改變，都會影響我們個人財務生活，然後進入我們的頭腦。

例如，有關風險和決策的研究中，發現三十五歲以下的人對帶有風險的選擇（像是創業），會更加謹慎。我們至少經歷過一次金融危機，很可能直接或間接被波及到；像是工作不好找，或是擔心害怕被裁員而過得不安。甚至在證據表明，不同代的人會有不一樣的差距；二〇〇八年金融危機之後畢業的學生，比金融危機期間或之前畢業的人，更可能孤注一擲。雖然我們從教育中脫穎而出，進入一個競爭激烈的就業市場的工資可能很低，甚至可能是無薪的實習工，但談到創業的風險，我們依然不敢貿然離職。就算口頭上會說自己不想做全職工，但

最後還是堅持自己努力爭取到的穩定傳統工作。

　　這也是聰明的做法。在傳統就業領域之外，很多事都是有風險的。統計數據也讓人提不起勁：在英國，每十家小型企業，就有四家會倒閉，其中的百分之二十在第一年就倒了。失敗的風險非常巨大，所以不要一味讚美創業就是好，仔細考慮你的風險，以及自己是否願意承擔這些風險，會這樣想是件好事。

　　但同樣地，長期不採取行動，也會有代價。我們都看過這種情況：一個同事常抱怨工作，但卻待在原地一動也不動。或是一個有新的商業想法，正打算離職的人，卻剛好得到公司提拔而升職。每一個工作場合，都會看到有人有強烈的渴望和能力，能實踐自己想做的事，但出於各種原因，他們太擔心害怕而不敢行動。問題出在，我們希望它的感覺看起來是正面的。我們會覺得，隨著時間過去，經驗累積和升職，那要擔起風險就會更容易。有時候是這樣沒錯。但更多時候，時間過去，年紀愈大，只會讓自己更不敢冒險。我們在工作中取得的成就愈多，不得不放棄的東西就愈多，留在原地的動機只會更大。個人的承諾、房屋貸款、小孩教育經費，這些會讓事情愈來愈複雜。我們在職業的階梯又更上一層樓，但並沒有接近我們真正想做的事。錢是變多了，自己的重要性也增加了，但仍背負著不做出抉擇的代價：遺憾。

「創業」不一定是要建立數十億元的科技公司或是網路服務（但這些也的確是創業）。它可以意味著任何事，從當自由業者、兼職創業、社會公益創業，或是打算成為富比士前五百強企業的野心。從本質上來講，就是創造賺錢的機會，而不是用已經存在的賺錢方式賺錢；最重要的是，要妥善管理風險，讓你成功的機會最大化。

因此，無論你是否有強烈的創業願望，還是在某個時候，覺得好像可以有個什麼開始，那麼這一章就是為你而寫的。

有想法

> 每個孩子都是藝術家。問題在於我們長大後，如何繼續當個藝術家。
>
> ——巴勃羅・畢卡索

想像力是一種迷人的超能力，可以無中生有。這不是後天學來的技能，而是我們天生就有想像力。事實上，我們還是小孩子時，有著豐富不受約束的想像力。一個舊盒子就成了入侵銀河的宇宙飛船，郊區花園的一叢雜草是藏著稀有生物的叢林，空房間的床是軍隊作戰的碉堡，你正準備要來一場大決

戰。小孩子不需要得到什麼許可，就能使用想像力，也不用擔心判斷失誤，他們就只是放手去做。

　　成長過程經歷了嚴格的教育體系、進入瘋狂的職場，想像力變得沒價值也不再發揮作用。想像不可能存在的東西，不管是軍隊掩體還是宇宙飛船，都沒有用處。我們的想像力被現實中的東西給鈍化，我們覺得有價值的東西是那些已經了解的事物。不斷地嘗試犯錯，慢慢適應了現實，開始了解怎麼在這範圍內慢慢長大（要讓人留下好印象、交到朋友、得到好工作），成年後，身為一個身心健全的成年人，我們已經習慣的行為，不會讓我們把自己的生活搞到一團糟（至少不會那麼經常）。

　　問題是，隨著我們的成長，視野變得狹窄。曾經在想像中任意捏塑的世界變得愈來愈僵化。我們在這僵化的世界生存，並開始接受，也許事情本該如此。要生存下去，就得活在現實裡，這是必然的。走前人走過的路是可行的：既然自己是對的，又為何要嘗試新的東西？不幸的是，「走得通」也意味著這條路已經走了無數次，這也表示我們可以一直都錯過那些會帶來驚喜和新想法，又未被發現的道路。

　　企業家的天賦，可以簡化成一種能力，就是不把世界看作是靜態的，而是把它看成可以一直往外延展的東西。在這裡，你可以運用你的想像力，看看你要怎麼改變世界，並且相信自

已辦得到。以前做過的事就不必再做了，事實上，可能有更好更新的方式做事，而你也可以成為那引領潮流的人。

就像史蒂夫・賈伯斯的話：

當你長大後，你會被告知世界就是這樣，你就生活在這世界裡。不要浪費力氣去做無謂的事，好好成家，過得開心，存些錢……但要是當你發現一個簡單的事實，你的人生可能變得更寬：你發現這所謂的人生，都是由那些不比你聰明的人創造出來的。你可以改變它，可以影響它……一旦你學到這點，你就不再是原來的你了。

問題是：好的想法哪裡找？

好的創業想法，與其說想一個好主意，不如說是用你的想像力，想一個好答案，一個能解決當下問題的答案。不然用理查・布蘭森的話來說：「找出市場上的缺口，創造一種有用的產品來填補它，讓人們的生活變得更好。」事實上，想出新創意這一步，往往是大家踩進的誤區。如果我們要想出偉大商品的點子，那麼可以想像出一個問題，並且試著解決它。所有偉大的企業，都是先發現問題或是市場需求，然後留意有沒有潛

在客戶，並深入挖掘他們真正想要的是什麼。只有這樣，才會提筆寫想法，試圖建立一個解決方案。世界領先的創業投資公司Y Combinator的創辦人，保羅‧格雷漢認為，創業會失敗，是因為設計了一款沒有人想要的產品。聽起來很簡單。但卻常看到，企業家們一次次花費大量心力，打造出讓人嘆為觀止的產品，結果沒事先確定一下是否有人需要它。

　　如果問題和需求是我們激發創意的地方，那我們要怎麼找到這些問題，然後發揮想像力，找出解決方案？好消息是，創意是一種後天可習得的技能，而非只有少數人才有的天賦。對人類大腦的研究，可以發現這點。大腦是超過一千億個相互連接的神經元網路。所謂的「思考」，就是這些神經元相互連結的結果。還有另一個好消息，大腦並不是一個靜態的器官。它不斷變化，而且相當具有可塑性，它的超能力，就是可以一直重新形成新的連結。正是在這不同的連結方式裡，新的創意就誕生了。

　　所以，我們怎麼建立新的連結，然後激發出好的創意？這秘訣很簡單：改變。神經科學家發現，單純只要增加我們各種不同的體驗，改變環境，大腦的神經就會重新分布連結。只要當我們不斷投入到新的地方，和新認識的人往來，新的想法就會出現。告訴你一個好消息，在目前這世界裡，你所說得出名字的大公司，或是你喜歡的大公司，它之所以會出現，一開始

都只是因為某個人的突發奇想或靈機一動才會有的，就像我們有時會有「啊哈！」的時刻。

觀察這世界上最成功的企業怎麼起步的，會發現一些模式可以參考，提高我們激發創意的機率。

1. 解決自己的問題

一句經典的創業格言，「撓自己的癢」。就是指創業一開始，是為了解決自己遇到的問題。喬和布瑞恩兩位朋友，談到他們想要解決自己房租的問題，發現了一個賺錢的機會：有個設計會議即將在舊金山開幕，所有酒店都被訂滿了。不到一天，他們就建好了airbedandbreakfast.com的網站，不到六天，就有一位三十歲的印度男人、一位三十五歲的波士頓女士、四十五歲來自猶他州的一位父親，還帶著自己四個小孩，睡在他們客廳的地板上。他們找到解決自己問題的答案：讓陌生人來家裡住，並快速收取費用。他們也沒想到，本來簡單架設的網站，會成為今天的Airbnb，現在已經是價值十億美元的公司。

2. 網路

史蒂文·強森，他是《創意從何而來：讓好點子源源不絕的7大模式》的作者，他大力支持他所謂的「液態網路」概念。他的理論是，偉大的想法，不是憑空出現的。反而，我們

需要讓自己置身在不同背景和不同技能的人群中。強森說：「讓你的點子和別人的想法相互碰撞，往往會讓這點子變成一個更大的東西。」這可能意味著，加入一個有組織的團體，比如說網路社群；抑或是單純從「激發創意」的方式和跟自己不同類的人對談。

3. 無關金錢

「要追求遠景，而不是追求金錢。錢最後就會跟著你走。」這是 Zappos 首席執行長謝家華說過的名句。好企業很少是從「尋找賺錢之道」的途徑開始的。找到客戶，並滿足他們的需求，才是你的首要任務。把這個當成你的使命，做好它，那錢就會自己滾滾而來。

4. 你的利基點是什麼？

你看到了別人看不到的東西。如果你在某個特定行業待了一段時間，那難免會因為時間過長而效率低下，然後產生一些問題需要解決。舉例來講，英國網路銀行 Starling Bank 的創始人，安妮·博登就是這樣的故事。安妮在英國金融服務業一直地位穩固，成為英國銀行業的領頭羊，慢慢地安妮對陳舊的技術帶來的侷限愈來愈不滿。她看到一個改變的機會，一種以不同方式來提供銀行服務的方法。於是她就這麼幹了，從零開始

創辦自己的網路銀行。聽起來很不可能,對吧?成立後的四年裡,Starling已經在銀行業有一席之地,甚至威脅到老牌的金融公司,逼得他們不得不改變自己的服務方式。

5. 展望未來

不要只考慮現有的問題和機會,也要想想我們人類未來的想要和需求會怎麼改變。未來主義是一種預測未來世界的做法,伊隆・馬斯克絕對是箇中翹楚。雖然一開始,會有人嘲笑他想要在太空旅行,或是開發電動車這些大膽的想法,但正是他大膽的預測,確保他的產品會比別人優先進到市場,讓其他知名品牌只能追著他跑。你覺得再過兩年、五年或是二十年後,情況會是怎樣?

如何驗證你的想法

好的商業創意有趣之處在於,雖然它是由想像力創造出來,但也需要在現實中實現。需要描繪出一幅讓人信服的未來遠景,描繪出這事物怎麼運作,並同時要有能實踐的可能。例如,我們可能坐在已經誤點的火車上想像,要是有個口袋大小的四次元傳送袋,那會有多麼方便,但顯然目前科技要實現這

種裝置還有很長一段路要走。成功的企業家有個關鍵的特色，能夠站在後面，客觀地審視創意的優點和缺點，並嚴格評估這個想法是否可行。這有點像一段糟糕的人際關係，對彼此有所想法，也因此很情緒化，然後沉迷在這不切實際的期待中，這種情況很容易自我說服，認為這種期待十分偉大。我們成為「確認偏誤[5]」的受害者：只尋求和傾聽那些我們想聽的資訊。就像是，「『狗狗的交友配對』，對耶，真是個好主意，這麼棒的點子居然沒有人創造相關服務！」那麼，你是怎麼和偏見作戰的，該怎麼評估自己的想法，在現實世界是否真的有說服力？

　　這個過程就叫做「想法驗證」，它不僅確保你建立的是人們真正需要的產品或服務，而且也避免你在爛主意下浪費太多時間和金錢。

　　不管你問哪一個企業家，他們都會告訴你，產生創意的想法不難，真正辛苦的，是在幾年後，你要讓這想法成為現實的時候。那麼，你要怎麼確定你的想法值得投入精力去研究呢？下面會教你一個不錯的起步，會幫助你確定它是否值得。

---

5 個人選擇性地回憶、蒐集有利細節，忽略不利或矛盾的資訊，來支持自己已有的想法或假設的趨勢。

1. 了解競爭對手

大約六年前，我有一個很棒的創業主意。當時Airbnb的服務在倫敦起飛，我注意到我所在的街區公寓，房東面對短期租屋的管理有很多困難。像是要時時去打掃清潔或鑰匙交接等問題。我眼中立刻閃出「$」的符號，我心裡想：要是有人有這個困擾，那就有機會想出一種服務方式了。我找到別人的問題，也想出了完美的解決方案！

然後做了一些競爭對手的基本調查後（用Google搜尋），我的商業夢想立刻幻滅。我發現，提供這樣服務的公司已經不止一家，市場競爭很激烈，我晚了很多步。

了解你的競爭對手，對你是否要堅持這個想法，至關重要。但也要注意，不要一看到有競爭對手，就被嚇退了。大多數的市場，從食品雜貨、汽車、化妝品，都不止一家競爭者。事實上，正是這種競爭，讓企業能不斷創新，才能為身為消費者的你，提供更好的價值。但要怎麼知道競爭激不激烈？

1. 了解競爭情況

有三個關鍵因素要留意。

- 市場規模（例如：這市場裡有多少潛在客戶？）
- 目前的競爭對手是誰，他們怎麼提供服務？
- 為了更好服務市場，你可以做出怎樣不一樣的事？

第二個工具是用SWOT來分析，它會幫你看到你的公司有多少競爭力。會幫助你確認你服務內容的強項（Strengths）、弱項（Weaknesses）、機會（Opportunities）和威脅（Threats）。

- 強項（是什麼讓你的公司比競爭對手更具優勢，或是你的獨特點是什麼？）
- 弱項（你的公司在哪些方面處在下風？）
- 機會（要怎麼殺進市場，推動銷售？）
- 威脅（目前存在哪些阻礙，要是其他大公司視你為潛在威脅，你覺得他們會怎麼設阻礙給你？）

客觀思考這四個部分，應該就能了解，面對目前競爭對手，自己是否有機會脫穎而出。同樣地，若是完全沒有競爭對手，就要懷疑你的產品是否真的有市場在。

2. 找到你的「絕對競爭優勢」

這是你競爭對手沒有的東西，它可以是任何可能。
「絕對競爭優勢」包括但不限於下面例子：

- 經驗——你是否具備該行業的專業知識，能領先別人？
- 人際網絡——你是否有可以幫你開展業務的超強人脈？
- 第一個拓荒者——你是否是先發現該商機的人？
- 商業秘密／專利——你是否有獨享的特權，或是知道內幕消息？
- 速度——你能否比其他人更快建立自己的業務？

2. 定義你的想法

我們沒有所謂的「戰略計畫」，我們就只是不斷做事。

——赫伯·凱勒赫，西南航空創辦人

我們可以隨心所欲地制定戰略、假設理論，但事實上，沒有一項業務是按計畫進行的。創業是一動態過程：你會贏、會輸、會轉向、會調整，最重要的是，會邊走邊學。這並不是說

你不該有個行動計畫；有一個清晰的願景和目標很重要。但把時間都花在完善厚厚的商業計畫和複雜的財務預測，也好不到哪去。

許多企業家主張採取更快、更靈活的方法：確定你的「關鍵假設」，然後測試它們。換句話說，快速繪製出你認為你事業可能會成功的方式和原因，然後在現實世界中測試。這種方法被稱為精實創業法，由企業家艾瑞克‧萊斯所創，主要關注在一種新的創業方式，讓想法能快速進入現實世界。他的方法是，快速測試、調整、發布產品，最大限度降低做出沒人想要的產品風險。

啟動這一過程的方法，是使用精實商業模式畫布（Lean Business Model Canvas，簡稱LBMC），這是由艾許‧莫瑞亞開放的工具，讓全世界的創業家使用。LBMC的好處在於，它把你的創業理念拆分成一塊一塊的。透過一一探索每個組成，便能更好發現弱點和機會。它還是一個向潛在客戶和投資者，宣傳你業務內容的好方法。

完成LBMC

使用下方表格來定義你的事業。

問題	解決方法	獨特價值的強度	絕對競爭優勢	顧客群
你解決掉了什麼問題，或是滿足顧客怎樣的需求？	你是如何解決該問題，或是如何滿足顧客的？ **關鍵衡量方法** 您會用哪些方法來當成標準，以衡量和監控公司業務是否成功？例如銷售、被推薦等。	是什麼讓你的公司與眾不同	是什麼讓你的公司難以被對手複製？比如，你有專業知識、特殊經驗。 **通路** 你打算怎麼找到你的顧客？例如：Instagram、辦活動等。	你的目標顧客是誰？

成本結構	收益來源
建立和運作你公司的成本是多少？	你打算怎麼獲利？

產品	**市場**

GFY ＋了解你的商業模式

對於新的創業者來講，LBMC最下面兩個盒子，通常是最具威脅性的，但也可以說是最重要的。你的成本結構和收入來源，構成了你的商業模式：你計畫的每個步驟，都是在讓你的公司賺錢。

首先，我們來定義收入、成本、獲利能力是什麼意思。

收入是指公司在一段時間內得賺到的錢，例如：一個月。收入多少取決於兩件事——出售物品的數量和售價。簡單來講是：**收入＝價格×數量**

- **收入來源**就是產生收入的來源。例如，網飛的主要收入來源是訂閱，而臉書的收入來源是廣告。總收入是所有收入來源的總和。

成本是製造產品或提供服務所涉及的費用。構成總成本的主要有兩項：

- **變動成本**——這會取決於產品生產數量而變動。
- **固定成本**——生產數量再多，這部分的成本也不變。

例如：麵包店的變動成本是麵粉，固定成本是店面租金。

獲利能力指的是公司運作時，使收入高出成本的能力。利潤是收入減去總成本得來的。

- **簡單來說就是：利潤＝總收入－總成本。**

- 總收入等於總成本之銷貨水準，稱為「收支平衡點」。
- 如果一家公司的總成本高於總收入，就會出現虧損。雖然對新成立的公司，會有虧損是正常的，但獲利能力對任何一家要長期經營的公司，都至關重要。

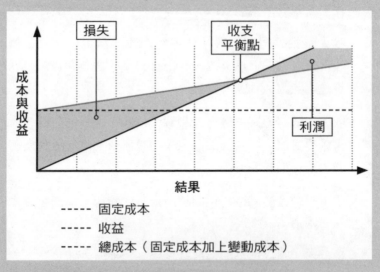

----- 固定成本
----- 收益
----- 總成本（固定成本加上變動成本）

在你填寫 LBMC 時，先列出你的收入來源、固定成本、變動成本。用近似值就可以，把數字填上去。然後便能開始回答以下問題：

- 你的公司一個月營運成本需要多少？
- 你的產品或服務價格會是多少？
- 需要銷售多少產品或服務，才能達到收支平衡？
- 你的收入來源是什麼？

3. 測試你的想法

一旦你完成你的LBMC，就可以進行測試了。由於你希望你的公司能在現實世界中生存，所以你的測試環境也應該在那裡。連續創業家，史蒂夫·布蘭克，把這個叫「走出辦公樓」。你可以創造一個很亮麗的品牌、盡情發揮你的創意，但要是沒和潛在客戶交談，你不會知道他是否真的會想要你提供的商品。找到潛在客戶不是要你去推銷，而是測試你填在LBMC裡的假設是否正確，傾聽他們的意見，看看你對他們需要處理的問題是否真的了解。

例如，你正想為附近的人提供一項新的遛狗服務。在你的畫布上，你可以發現的問題是：「我所在的區域，狗主人很難找到人幫忙遛狗。」現在正是時候測試你的發現：出門去，和潛在的客戶交談。有抱負的創業者會犯的致命錯誤之一，就是聽到自己親朋好友鼓勵幾句，就覺得已做好了「研究調查」。你的父母一定會說你的點子很棒，所以不要貪圖便宜行事，從困難處下手，尋求真實的顧客回饋。

GFY＋了解你的客戶

> 比以往任何時候都更貼近你的客戶，近到他們意識到
> 之前，你就已經說出他們想要的東西。
>
> ——史蒂夫・賈伯斯

　　成功的企業家，最重要的習慣之一，就是真正了解他們的客戶。要建立一個能真正解決現有問題的企業，滿足其需求，你就得了解你要服務的對象。你的工作是比他們更了解他們自己。他們都在哪裡出沒？他們是哪一類型的人？他們喜歡什麼品牌？什麼東西會影響他們的購買決定？

　　收集完這些詳細訊息後，你就能確定以下內容：

- 市場規模如何？是否有足夠的客戶，讓你的服務能持續下去？
- 你會怎麼向他們推銷你的產品或服務？
- 你會怎麼替你的產品或服務定價？

　　你可以用很多方式進行研究，從焦點團體到調查，再到一對一訪談。現在網路上有很了不起的市場調查工具，能找到幾千位符合你目標客群的人，只需要點擊幾下。但許多人覺得，這比不上在咖啡店喝上二十分鐘咖啡，好好聊一聊有效。它可以讓你更清楚受訪者的答案，讓你進一步探究找到問題真正核心。不管你是選哪種形式，都至少

要找到三十位以上符合目標客群的人。這會讓你有足夠資訊能夠判斷，市場是否真的存在這樣的需求。而且還有額外好處，你可能會增加一些追蹤訂閱。

要問什麼問題，取決於你要提供怎樣的服務或產品，但一開始，下面問題你可以參考：

- 了解人口結構統計資料
- 知道他們有怎樣的習慣
- 他們碰到的問題是什麼
- 他們目前怎麼解決或是用什麼產品解決碰到的問題
- 他們理想的解決方案或產品是什麼？
- 他們對你的創意有什麼看法，不喜歡的地方是什麼？

訪談完，回顧所有得到的回饋，找出關鍵資訊。是否有類似的主題或是有人碰到一樣的問題？它是否驗證你填在LBMC裡的假設？如果沒有，你會怎麼改變你的商業模式，以符合你目標客群告訴你的情況？一旦你的LBMC和你的調查一致，那就可以進入下一個階段。

4. 測試、測試，還是測試……

就想像在現實世界中驗證自己的想法一樣，你的產品也該這麼做。你可能會想要在發布產品前，開發整個產品系列，替應用程式建立更多功能……，這樣的做法並沒有充分利用你有限的時間和金錢。雖然你心中的完美主義會抗議掙扎，但精實

的創業需要用「趕鴨子上架」的方式，來快速建構服務或是產出產品。

如果你正在打造一項科技產品，這通常會被稱為「最小可行產品」（Minimum Viable Product，簡稱MVP）。MVP是一種功能已經到位的產品，可以滿足一開始的客人，並替未來研發的產品提供用戶回饋。

雖然MVP常常指的是技術類產品，但這種原則在一般實物產品和現實中的服務中也適用。你要問自己最大的問題是：我能做到最基本的事情是什麼？能夠以最簡單、最便宜的方式為我的客戶服務，同時我也能得到回饋？

例如，假設你正在創立一個新的低糖冰淇淋牌子。你可能想做的第一件事，就是確保你的核心產品最好已經盡善盡美。這意味著要從小地方做起：在廚房裡測試食譜、生產食物後得到回饋並做出調整，直到它味道剛剛好。然後你可以試做一小批的量，在當地農夫市集銷售，也可以試著進貨到零售店內。假設已經證明有這需求在，而且也得到有用的回饋可以幫助你改善產品，那你可能會租一間專業廚房，擴大你的生產線。

一個厲害的的撲克牌玩家，知道拿到哪些牌要棄牌，換句話說就是要知道輸的時候要盡可能減少損失。厲害的創業家也是一樣。這種方法的好處是，它不僅能盡量提高成功率，還能減少損失，替你節省時間和金錢。如果最後證明，你的產品沒有未來，那麼及時收手就可以減少損失。透過不斷測試和調整

你的創業想法，也更容易把它調整成確實被市場需要的東西。

5. 啟動

當你進行更多研究、測試、調整、再測試，現在該把你產品送到你客戶手中了。該怎麼啟動事業，會和你的商業模式有關；有可能只是一夜之間的事，也可能需要循序漸進。在科技領域，所謂的「測試版」指的就是先向一小群客戶發布產品，得到回饋，然後再正式向廣大的消費者發布。當然，這不見得適用所有企業，但最重要的是，要有一個時間表和計畫，讓你知道什麼時候該進行到哪裡。當然，事情永遠不會照計畫進行，但仍需要有個關鍵的指標和目標方向，確保自己走在正軌上。

為你的創業籌錢

我們需要錢來維生，公司也一樣。對一些人來講，募集資金也許不成問題。說不定你自己的錢就夠，或是打算不靠別人有其他籌錢的方法。然而，對許多企業來講，獲得一些外部資金，是讓公司起步和發展的必要條件。

現在，我們來看看最受歡迎的三種方法：股權、債務、另類投資。

1. 股權融資

你會把公司的一部分分給投資者，而投資者會把資金投入公司。分給投資者的部分，就叫「股權」。這樣做的好處是，要是公司倒了，不需要賠錢給投資者。缺點是，公司的業主要放棄一定比例自己對公司的所有權。這可能意味著失去部分控制權。股權融資的種類：

- **親友**——向你認識的人尋求資金，換取你公司的股權。
- **天使投資者**——對投資和支持創業感興趣的高淨值人士。最好有相關經驗的人，也能提供一些指導。
- **股權群眾募資**——利用網路平台，接觸成千上萬的潛在個人投資者。這些投資者會獲得一小部分股權。
- **創業投資**——一些大公司專門針對草創時期公司進行投資，期待日後帶來可觀的回報。
- **創業孵化器和加速器**——提供資金，還有部分實際協助，旨在幫助你建立公司和擴大生意。

2. 債務融資

以借貸方式創業時，債權人會期望在特定日期後得到還款。優點是，業主對公司保留完全控制權和所有權，而且利息的償還是在稅前，可以節省一些稅。缺點是，業主有義務要償

還貸款人。這可能代表，要是公司無力償還債務，會迫使公司被清算，以下是以不同借貸方式籌措資金的類型：

- **親友**——向你認識的人尋求資金，並答應日後會還錢。
- **銀行貸款／中小企業融資**——向小企業提供貸款的金融機構尋求貸款。並承諾日後會償還。由於風險高的關係，貸款的利息通常也不低。
- **抵押貸款**——以企業擁有的資產（例如：房地產）作擔保還款的承諾來貸款。由於有資產的關係，銀行的風險較低，因此利率會低於傳統的銀行貸款。

3. 另類投資

除了股權和債務外，還有其他管道值得試試。以下是不同另類投資資金的種類：

- **創業競賽**——給有大好前景的創業公司的獎金。除了贏得現金外，還會有新聞報導增加曝光率。
- **助學金和補助金**——政府、大學或慈善機構提供的現金，通常要找針對特定領域的社會公司，或是草創時期的公司。
- **回饋基礎的群眾募資**——募資群眾付出金錢後，能在日後得到公司產品或是產品上架後的折扣。

啟動的五個步驟

　　如果說，創業上的心理挑戰已不成問題，那麼你還得在具體實踐的步驟中摸索前進。

　　為了讓你有個起步，這裡的步驟清單能幫助一開始站穩腳步，準備進入市場。

1. 選擇你的公司的類型

　　所有公司，不管是一人公司還是富時100指數，所有公司都必須符合法律規範之架構。正是這個決定你是怎麼營運公司的，從你怎麼納稅到負起相關法律責任。在英國，你有四種類型可以選：

- **獨資公司**——自營運者，同時也是公司唯一所有人，個人對公司和債務負責。業主計算出運作公司的利潤，從中「提錢」出來，當作個人需納稅的收入。這和股份公司不同，股份公司的工資會被視為「成本」的一部分。
- **合夥公司**——由兩人或兩人以上的小團體組成，他們共同承擔公司債務和相關責任。合夥公司協議概述了合夥人怎麼管理和分配利潤。合夥人通常屬於自僱人士。
- **有限公司**（LTD）——具有法律身分的企業（法人），獨立於其所有人（股東）和管理人。公司繳納公司稅

後，股東可以從利潤中獲得股息（只能從保留盈餘裡支付），可以向自己支付工資。公司業主在公司無力償還債務後，不必承擔個人責任。

- **有限責任的合夥公司**（LLP）——由兩人或兩人以上的小團體組成，他們負責經營公司，但在公司無力償還債務後，不必承擔個人責任。而利潤分配和責任承擔方式，由有限責任合夥協議決定。合夥人通常（但不一定）是以自僱人士的身分向政府交稅。

GFY ＋關於責任……

「單飛的人翅膀最硬」，這對很多企業家來講可能是正確的，但了解單飛的風險也很重要。看一下每一種不同的公司結構，你會發現均包含了業主不同程度的責任，需要承擔各種不同的債務。業主或股東對公司的債務和損失有一定承擔的責任和義務。

對於可能會需外債資金的公司來講，這的確需要考慮進去。

有限公司或是有限合夥公司中，業主承擔的責任是「有限」的，這代表要是公司破產，公司的資產會用來償還債務。但在獨資的個人經營或是合夥公司的情況，公司業主將會負責到底，這意味著，要是公司倒閉，會需要用他們的個人資產（包括他們的房屋和存款）來償還債務。這對許多人來說，實在太可怕了，這也是為什麼你會想要選擇有限責任的組織的主要原因之一。

決定你的組織架構

類型	優點	缺點	誰會適合	後續準備
獨資公司	• 成本低，易成立 • 業主擁有完全的控制權 • 財務報告較少	• 你要負全責 • 需要繳更多的稅（一旦你的收入達到高稅收的門檻時就要） • 在市場上的信用低。 • 難以取得資金	自由業者或是低成本的公司： • 不需要資金（一旦你借的錢高到有可能讓你破產，那就不能算是自由業者） • 收入不太可能達到高稅收的門檻。	1. 向稅務海關總署登記，自我評估。 2. 填寫年度繳稅單
合夥公司	• 同上 • 更容易獲得資金	• 同上 • 要結束公司可能很麻煩	同上，但會有多位共同經營人。這種結構常見於家族企業。	1. 向稅務機關登記為合夥公司，自我評估。 2. 擬出合夥公司協議 3. 每個合夥人都要填報稅單

類型	優點	缺點	誰會適合	後續準備
有限公司（Limited company；LTD）	• 責任有限 • 繳稅更有效率 • 在市場上信用高。能成為有限公司給人的印象是，你有經驗，值得信賴。	• 有更多行政上的要求（董事負有受公司信任的責任） • 公開每年帳目和財務報表 • 股息不能視為退休金支付的免稅額	想替公司尋找資金，並擴大營業的人。	1. 在公司註冊處登記為有限公司 2. 每年向稅務海關總署提交年度帳目和公司納稅報表 3. 幫員工繳納所得稅和國家保險
有限責任的合夥公司（Limited liability partnership，簡稱LLP）	• 在管理人跟公司成員間的分潤更具彈性。 • 結合有限公司和合夥公司的優點	• 課更高稅 • 合夥人的收入必須公開 • LLP在登記一年內就得開始營運，否則會被註銷。 • 公司成立成本高。	希望有合夥模式和有限責任公司的人。通常是專業人士，像是會計師成立的會計事務所。	1. 同有限公司 2. 擬一份LLP協議，說明公司的運作模式。 3. 要有兩名以上的「指定成員」存在。

　　最後，你要權衡每種類型的優缺點，找出最適合你的業務結構。最好是以公司能夠運作為底限，選擇最簡單的類型，一旦公司業務擴大，還可以調整。如果有疑問，請向會計師諮詢，他們可以替你提供最佳方案。

2. 品牌創建

成功的公司不僅是向客戶提供產品和服務。正如每個人都與眾不同，同樣地公司也需要獨特的身分才能在競爭中脫穎而出。

建立品牌可以幫助你實現這一目標，將你公司最關鍵的訊息傳遞到客戶腦海中。

請這麼做 〉〉〉

建立一個品牌

以下是一個有用的方法：就是把你的公司想像成是一個人，如下：

你的價值是什麼？ 例：可靠、聰明、誠實	
你的使命是什麼？ 例：激勵、娛樂、安撫人	
你的個性是什麼？ 例：開朗、冷靜、努力	
你說話的語氣是怎樣的？ 例：年輕、專業、直腸子	

一旦你對自己的品牌有一個完整的想像，就可以開始讓你的品牌有自己的個性。就這點來看，你可能會想到知識產權的問題。每個國家都有自己的規定、法規和流程，因此需要尋求相關法律諮詢。你也可以選擇在建立品牌上面，尋求外人幫助。使用以下圖表當作參考，確保你在這方面已知曉所有相關基礎。

品牌的六個基本要素

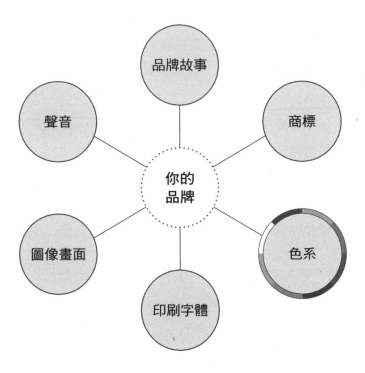

3. 設備齊全

雖然有些業務只需一張沙發一台筆記型電腦就可以運作了，但有的需要大量投資。想一想，你所經營的業務可能需要哪些資源和設備。除了實際生產產品或服務之外還有哪些成本，你最開始需要的支出是什麼？

這裡粗略指示，以下是公司通常會面臨到的各種成本……

各種資源及設備的清單：

- 技術——手機、筆記型電腦、印表機。
- 線上服務——網站、電子郵件主機。
- 文具——辦公用品。
- 保險——收入保險、僱主責任險、職業災害保險。
- 許可證——在特定行業的經營許可證。
- 品牌——LOGO設計、品牌識別。
- 辦公空間——共同辦公室、主管辦公室。
- 法律／會計部——專利申請、公司註冊、僱傭合約。

GFY ＋關於費用說明……

　　自營運或是經營自己的公司，最大優勢之一就是你可以從收入中扣除一些經營企業的成本，然後構成你的應稅利潤。如此一來可以節稅。政府對什麼是「可列支費用」制定了嚴格的標準，所以在填寫並提交資料前，一定要確認一下。提交納稅申報表，不需要付上費用證明，但請確認有留存副本，以便日後會需要向稅務海關總署出示。每個月留出一些時間來申報你的費用，也是一種很好的做法。就算是買棵小樹的收據也得留著，不要壓在包包最下面──要放在上面，等到報稅季節到了後，你會感謝自己。為了讓生活更輕鬆，也有一些很不錯的會計軟體，像是：Xero、FreshBooks、FreeAgent，你可以對收據拍個照，然後透過應用程式歸檔。在下一節，我們會了解怎麼管理你的企業帳戶。

4. 網路

　　在數位時代，有一派觀點認為，要是你的公司沒有網站，那它基本就不能算一間公司。這說法對大多數公司來講是有道理的，所以在你成立公司之前，請確認你在網路上也有辨識度。網域的一致性很重要；確保你品牌的名字和你選擇在網路平台上給人的印象要相同，或是至少相似度要很高。一旦你選擇了自己的名字，使用「檢查網域名稱可用性」的工具，來確

認哪些名字已經被註冊，並且是註冊屬於自己品牌的名字。為了確保你的公司盡可能排在搜尋引擎前面，請看一看「搜尋引擎最佳化」（Search Engine Optimization，簡稱SEO）工具，它可以幫助讓你的品牌搜尋結果往前排。

5. 組織你的財務

經營公司最重要，但也可能是最無聊的地方，就是掌握你的財務狀況。目前已經涵蓋了利潤、收入、成本的基本知識，但你還需要一種有效的方法來管理公司財務。手寫簿記的日子已經是歷史了（除非你真的很堅持）。大多數公司會使用自己的會計軟體，或是租一套軟體，不然就是請記帳員。這些工具可以幫助你追蹤付款、帳單，簡單來講就是能幫助你做一些很困難的事情。然而，不管你選擇什麼方式，能掌握資金是怎麼進出公司，以及這些事對你的意義，都很重要。

在公司裡管錢

1. 申請一個商業銀行的帳戶

身為獨資公司，就技術上來講，是不需要申請單獨的銀行帳戶，但為了避免你財務混亂，擁有獨立的商業帳戶，和個人帳戶有所區分，可能會是個好主意。幾乎所有銀行都能幫你成

立商業帳戶，所以多去看看，比較一下它們的費用和服務，以找到最好的方案。

2. 管理你的現金流

現金就是氧氣：你公司運轉得愈快，就需要愈多現金。事實上，現金對商業來講十分重要，有一項研究顯示，82%的公司之所以倒閉，可說都歸咎於現金流管理不善。就算一家公司有足夠的資產，來償還全部債務，但要是沒有足夠的流動資產（例如現金），在流動負債到期前能夠支付，那也行不通。這就是所謂的破產，這會導致債權人對你採取法律行動，會讓公司被清算。在資不抵債的情況下進行交易實屬非法，在此情況下做出交易決策的主管將會承擔很嚴重的後果。

- **現金流**──每個月流入和流出的公司資金。當一家公司資金流出大於流入時，就會出現現金流的問題。

你可以把你公司的現金流視為一種循環；每一項商業活動裡，從行銷新產品，到付款給上游供應商，都有機會靈活地運用你的現金。

GFY＋現金流的循環

獲得報酬
- 及時把收據寄出
- 堅決追討欠債
- 仔細盯著還沒完成交易的款項

↓

管理你公司裡的現金
- 使用記帳軟體，或是請會計師
- 用前一個月／年的數據來預測下個月／年的成本替未來預留成本的現金

↓

管理開支
- 削減任何不必要的成本
- 多比較幾家供應商，並與之談判，達成更好的交易
- 和供應商洽談最長期的合作關係，和顧客洽談最短的付款期限
- 考慮你是否充分利用所有的免稅額

→

進行銷售
- 使用上個月／年的數據，來預測銷售的高鋒和低谷。如果你的業務是季節性的（像是賣冰淇淋），則需要更仔細規畫，以免破產
- 和有可能幫助你度過難關的投資者／貸款人保持良好關係
- 重新評估市場上競爭對手的定價策略，但要確保自己不要低估自己商品的價值

↑

投資你的公司／買股票
- 如果你有銷售實體商品，請留意你的庫存，了解哪些產品暢銷，哪些容易滯銷，確保不會留下多餘的庫存品
- 要節儉，不需要買最新潮的設備和文具

←

3. 保持記帳

　　保持整齊的財務紀錄（也叫「簿記」），也許很多業主都很怕這件事，但它也是必要的。這不僅是法律要求，也是確認自己公司狀況的好方法。說到記帳，有兩種選擇：手動填入電子表格，生成和管理財務報表；或是電子記帳，利用會計應用程式即時保存記錄。對獨資的小公司來講，手動記帳可能就夠了，但許多人會發現，會計應用程式會節省許多時間。

　　不管你選哪一種，下面三種「表」你必須要了解：

- **資產負債表**——將資產負債表視為公司在特定時間點，所欠的「負債」擁有的「資產」。可以視作資產和負債的快照。資產包括現金、存貨和土地等，而負債包括未付貸款和工資等。需要確保流動資產（現金或可隨時轉換為現金資產），可以支撐得了你的流動負債（下一年的負債）。
- **損益表**——從損益的角度，來看你公司在特定時期內的表現。可以把損益表視為一個漏斗：從頂端開始，營運公司帶來的收入，然後逐漸是一些不得不花費的成本和費用。從你的收入是否高過成本來看，「底線」那裡代表你是賺錢還是賠錢。

- **現金流量表**——既然你已經知道怎樣是好的現金流，這裡就要介紹什麼是現金流量表。這張表並不在意利潤或虧損，只關心特定時期的現金流進流出。這能幫助你預測現金流入情況，並且確保你在銀行有足夠資金，能按時支付你的支出，這非常重要。

4. 管理稅收

為了不要讓你太過沉浸在金融世界裡的美好，我們再來談談稅收。

和傳統工作不同，一般受僱時，僱主會幫你處理稅務的事，但那些獨資公司或是自己經營公司的人，得要更主動積極。雖然一般聽到這就會很想「把頭埋進沙子」裡逃避，但正確繳稅很重要，可以讓你免除被罰。因為若為業主自營公司，繳稅時，便不會另有僱主幫你從薪水裡扣（因為你即是自己的僱主），你得知道什麼時候稅單會來，並提前預留現金。

下表列出了身為企業主，得要知道的五種稅收，以及在獨資或是私營有限公司裡是怎麼運作的。對於合夥公司或是合夥有限公司而言，稅務更複雜，因此建議尋求專業建議。

	獨資公司	有限公司（LTD）
公司稅	免付	要付 • 公司營利或應稅收入的百分比 • 每年自我評估和繳稅
增值稅	要付（如果有登記） • 主要由公司支付。主要和銷售商品或提供服務有關的支出時要付 • 收入超過增值稅門檻的公司，必須做增值稅登記 • 在收據上屬額外費用，每個季會繳給稅務機關 • 公司可購買東西（無關銷售的產品和提供服務）時，可以要求退回增值稅。否則它將會成為你的真實費用的一部分	
英國國家保險	要付 • 只要是收入超過「較低收入限度」的人，都要繳	要付 • 由僱主替員工支付 • 就算是公司的董事，也仍被視為僱員，也和其他員工一樣需支付國家保險
所得稅	要付 • 一旦公司利潤超過「個人免稅額」就得支付 • 必須要從稅務機關那裡填寫自我評估的表單	要付 • 你從公司裡拿的任何一分錢都要付 • 必須要從稅務機關那裡填寫自我評估的表單
營業稅	免付	要付 • 某些公司要付，通常是有具有指定營業場所的公司

賺錢，讓世界不一樣

　　「貪婪是正確的，貪婪推動世界……『貪婪』，我找不到更好的字，貪婪是好的。」這是一九八七年的電影《華爾街》裡面，銀行家哥登‧蓋柯說的話。我想，在今天這世界上，大多數人對他的態度，頂多就只是反感。沒有特別指責什麼，但可以說，正是因為這種態度，迎來了二〇〇八年的危機，嚇得我們膝蓋發抖。我們不用看得太遠，就能看到整件事怎麼回事。翻開任何一本微觀經濟學教科書，都會發現商業最基本的原則之一：利潤最大化──就是企業核心的假設。換句話說，

就是盡可能在賺取利潤，這比其他一切都重要。

　　但就算經濟理論有此一說，但那電影拍攝後的三十年內，情況改變了。如果我們今天邀請哥登回去參加股東大會，我不確定他同樣的說詞會受到一樣的歡迎。作為消費者，我們會謹慎地選擇要把錢給誰，以及他們用錢做什麼。我們喜歡做好事的公司，然後隔著遠遠地就看到哪間公司最貪心。

　　在二○一八年，世界最大的投資公司貝萊德的首席執行長，讓企業好好檢討，到底什麼才是對這社會真正有幫助的事。

　　社會企業，不管是公營還是私人，都要以服務社會為目的。為了永續發展，每家公司除了要在財務上有所表現，還要展示自己為社會做出了哪些積極貢獻。

　　換句話說，這不僅是要盡到社會責任或是自我標榜慈善。而是背負起超越只是為賺錢而存在的使命和目標，對一間公司的生存至關重要的影響。我們希望看到企業做得更好，更能服務社區，創造出能夠讓客戶和社會價值都能最大化的產品和服務，而不光是賺錢。一些酸民可能會翻白眼，覺得這些都是「空話」，不過是表面公關活動。但說真的，不管企業背後真實動機是什麼，站在消費者的角度來看，這企業責任無疑非常重要。

對於時尚界而言，這樣的改變，再真實不過。近年來，研究揭示我們熱衷的「快時尚」，背後有著讓人痛心的真相是，它對環境有巨大的破壞。二〇一七年，艾倫・麥克阿瑟基金會的一份報告指出，如果以目前的速度繼續下去，到了二〇五〇年，全球時尚產業的碳預算可能會高達全世界年度碳預算的四分之一。不能繼續下去的不只是製造過程。東西只要便宜買得起，很容易就會不珍惜丟棄；在二〇一七年，有超過三十萬噸的衣物堆在掩埋場裡。大家都覺得不能再這樣下去了。

有許多企業看到這些數據會視其為威脅，但對另一些企業來講，則看到了機會。戶外服飾品牌Patagonia是少數將生產和消費責任揹在肩上的公司之一。自一九八三年成立以來，承諾將銷售額的一部分，捐給非營利的環保組織，金額高達一・八五億美元。但Patagonia的企業使命中，最激進的例子當屬「別買這件夾克」活動。一年一度，消費狂潮的「黑色星期五」日，他們廣告呼籲消費者繼續穿他們已有的衣服，不要去買新的。這種行動會被許多公司視為自殺行為，但對Patagonia來說，他們的財務狀況卻蒸蒸日上。過去五年裡，公司利潤翻倍，現在估值超過十億美元。

毫無疑問，提高收益和謀社會福利的原則，慢慢愈靠愈近。社會公益創業，是指那些解決社會問題實現社會改革為目標而成立公司的人，這種選擇在現今的商業世界裡，有舉足輕重的地位。若是有公司不想再以商業利益最大化當成標準，也

變得更容易或更能被接受。愈來愈多的「B型企業[6]」運動，讓公司不再以替股東提供最大回報的規則中解放出來，這也代表它們可以更有效率地追求社會或環境使命。

斜槓人生

我們看到了蘇菲亞‧阿莫魯索還有亞當‧諾伊曼；前者在自己大學臥室裡創辦了價值數百萬美元的服裝品牌「Nasty Gal」，而後者則是出租自己辦公室的桌子，創辦共用工作空間「WeWork」的公司；現在上班族的副業，也有機會變成了不起的企業。近年來，「上班族副業」已經成為我們日常詞彙，這代表並也證明了我們在正業之餘，愈來愈想要增加另一種賺錢方式。一項研究顯示，十六歲到三十四歲的年輕人中，有超過三分之一的人除了有正職外，也兼營另一項副業。

然而，從事副業並不僅僅是為了發大財。對有些人而言，副業是為了早日達到財富自由，但對另一些人來講，這就是自己的「第二份工作」，可以向別人介紹自己時提到。副業可

---

6 推動B型企業的是二〇〇六年設立於美國賓夕法尼亞州的非營利組織B型實驗室，致力使「人們的商業活動發揮對社會及環境的正面影響力」，其願景是使企業的目標不只是在於「成為世界最好的企業」，而是「對世界最好的企業」。

能是必要的：因為我們的生活成本就快追上我們的收入導致。它不總是代表著在「創業」和「實現人生目標」的過渡階段，也代表這是打零工、有著高生活成本和低薪達到收支平衡的時代。也可能同時具有這兩種代表性的意味。也許你對你的主要收入很滿意，但想多賺一些額外的錢增加收入，可能是用來旅行，或是得到一些額外的人生經驗，這些都是在你日常生活中無法獲得的。

創業有各式各樣的動機，不管你的原因是什麼，副業都是一種很好的方式，讓你能在創業的過程一展身手，不必承擔一頭栽進去後的所有風險。當然，不會所有事都一帆風順。你要兼顧主業和副業，需要有大量的自我激勵、時間，並願意體會不斷失敗。因此，如果副業的方式適合你，這裡有五件事你需要留意。

1. 驗證

不管是兼職還是全職，驗證你的商業理念應該是第一要務。要是你跳過這一部分，回到第96頁「如何驗證你的想法」，再回來看下一步。

2. 擠出更多的時間

這是理所當然需要面對的：堅持本業的前提下，同時也得額外擠出時間，「沒時間」會是你面臨的最大挑戰。如何找出

更多時間，你就得評估自己平常時間都花在哪裡。對你每週例行工作進行審查，找出那些「不可退讓」的活動，就是那些你非做不可，或是要是不做的話事情會無法繼續的事情（至少目前生活會無法繼續）。要你取消網飛的訂閱，或是不上社交媒體可能有點太難，但你會驚訝發現，很多時間不知不覺都在網路世界裡溜走了。最後，就像和朋友約見面一樣，每天或是每星期排出特定時間，約好和自己一起工作，以及更重要的是真的著手實行。

3. 設定目標

　　企業家會將目標定很高，像是在自己這一行變成頂尖，或是在五年後成為市值超過十億元的公司。但遇到艱難時刻，反而是那些更細微、瑣碎的目標，能帶你度過黑暗時期，並確認自己保持在正軌上。雖然又是老調重彈，可能有人會翻白眼，但「SMART」的目標設定，可以幫助你思考一個有用的框架。要確保你的目標明確（Specific）、可測量（Measurable）、可達成（Achievable）、有關聯（Relevant）和有時限（Time-bound）。

　　這些目標背後的目的也一樣重要。在討論金錢計畫的章節中，我們提到了「為什麼」的力量：不只是要知道你想實現什麼，還要知道你為什麼要實現它。這意味著，不但要考慮你做這事情的個人動機，也要考慮你對這世界產生的影響。

4. 不要被開除

很多人之所以會選擇副業的原因：很可能是想保留你的正職，至少目前為止是這樣。你可能會受到誘惑，大膽利用上班時間發一些非關主業的電子郵件，或是利用公司資源幫你開發副業，但你可能會搬石頭砸自己腳。為了避免一些惱人的糾紛或是法律訴訟，一定要再三確認你的僱傭合約中是否有「競業禁止條款」或其他相關規定。你不但要避免和僱主發生衝突，也應保持良好關係。你永遠不知道他們在何時能幫到你，不管日後人脈上的幫助，或是答應你請無薪假來拚你的副業。

5. 小心退場

如果你最後的目標是交上辭呈，獨自單飛，那花點時間想想自己該怎麼實現這一職業轉換。假設你已驗證你的副業是可行的，也已經有客戶付費請你服務，那在你貿然轉換前有兩件事要考慮：

- **副業轉正的資金**——要嘛就是已經有可以用來創業的資金，能讓你運行十二個月的經營費用，不然就是自營公司，而且已經有穩定的現金流，能應付流動成本。
- 個人資金——你應該存下或籌到至少六個月的個人生活費（參照第161頁的計算方式），或是你副業賺的錢夠

你生活，並以防萬一事情不順利的話，也確保你有足夠的應急基金來度過難關。

關於失敗……

> 成功不是必然，失敗不是致命，重要的是有勇氣繼續。
>
> ——溫斯頓·邱吉爾

　　不管是這件事還是下一件事，不管是在工作，還是在人際關係上，失敗總是人生的一部分。但這個社會上大家沒說的是，失敗也是成功的一部分。世界經濟論壇採訪了億萬富翁馬雲，他講述自己經歷過無數次的失敗：想應徵肯德基被刷下來的經驗，而且還是請二十三個人有二十四人應徵，一點都不競爭的情況。他也被哈佛大學拒絕十次。這些失敗並不是在他成功前的不幸事件，而是推動他邁向成功的基石。他說道：「要是你不放棄，你就仍有機會。放棄才是最大的失敗。」

　　害怕失敗是天生必然的。還記得我們在〈賺錢〉篇章裡提到的穴居人嗎？他又出現了，而且這次嚇壞了。要是換工作會讓他陷入混亂，那不難想像創業會讓他變成什麼樣。他不僅要擔心實際後果，也就是怎麼養活自己和付房租，還得擔心社會評價。要是出了什麼問題，部落的大夥會怎麼說？我這樣難道

不會被族人拋棄嗎？太丟人了，想都不敢想。為了抑制我們的野心並且正直做人，我們進化出對「損失」極度反感，這代表我們會盡全力在避免失敗，而非盡全力追求成功。

那我們要怎樣說服自己能樂觀思考？與其讓大腦把所有各種可能發生的小意外視為大災難，不如把所有可能選項攤開來，仔細考慮。想想，要是不試一試，會是什麼結果？兩年、五年或是十年後的生活會是什麼樣子？你會後悔嗎？如果成功了，那生活會是什麼樣子？

當然了，計畫有可能行不通。創業總會有無法掌握的變數，最後失敗。就像你所想的那樣，第一次創業的人，比那些已經有創業經驗的人，更容易失敗，但這不是你該放棄的理由。事實上，世界上頂尖成功的企業家，除了會創業，也很會失敗。LinkedIn的創辦人，雷德・霍夫曼、戴森真空吸塵器的創辦人，詹姆斯，戴森，還有GoPro的創辦人，尼古拉斯・伍德曼，在創辦數十億美元的公司前，都經歷過失敗。雖然沒有人希望失敗，但它往往是通往成功的試煉。帶著希望，對你所相信的任何事投入時間，總會有回報。它也許不符合自己最初的期待，但總會以某種形式得到收穫。

但有件事也很重要，不管選擇放棄或是繼續往前，它都沒有對錯。也許在某個時候，你覺得自己適合創業，但要是改變想法，也沒關係。嘗試所有你相信的東西，經驗本身不只是一個非常值得學習的過程，也會成為你的一部分。隨著公司被迫

調整適應時代，僱主愈來愈傾向找有能力跳脫思維的創業型人才。如果你想要的是增加自己的就業能力，那就不要被恐懼擊倒。

創業的過程有點像跳傘。雖然本章中的策略，會讓你大膽向前時，不至於以災難告終；但是否真的要跳下去，仍是取決於你。學習、分析、制定策略，會在一定程度上讓你覺得自己有充分準備，但創業一定會需要盲目的信心。人永遠不會感到舒適，所以你總有一天會面臨選擇。

- 做出行動。
- 放棄這想法。

要就採取行動，不然就完全放下這念頭。不要糾結這些念頭，裹足不前。

——凱西・奈斯塔特

第四章

花費

第一節　我們今天「花」得怎麼樣

〉安娜‧狄維的故事

〉揭開秘密

〉真正的金錢，是什麼樣子？

〉消費不代表購買

〉多一點，好一點

〉錢的（非）真實價值

第二節　漂亮地花錢

〉善加預算，聰明消費

〉債務

〉金錢與愛情

〉金錢與心態

第一節　我們今天「花」得怎麼樣

安娜‧狄維的故事

　　二〇一七年二月，安娜‧狄維搬到了紐約。安娜是有錢人的女兒，也是名有著巨額信託基金的繼承人，她很快被封為「社交名媛」。她是曼哈頓時尚界的縮影：參加完派對，又飛到米其林餐廳，每兩週飛一次歐洲，度假旅行。私下傳聞她都是搭私人飛機，和麥考利‧克金之類的名人一起拍照，更別說她總是大手筆送朋友奢侈的禮物，打消許多人對她是否真的是名人的懷疑。

　　但是，紐約的安娜‧狄維是個假貨；那是安娜‧索羅金精心設計的身分偽裝，她是出生在俄羅斯並在德國長大的一般女孩，在一家時尚雜誌社實習了幾年。她捏造自己的財務狀況，簡簡單單申請 AOL 的電子郵件信箱當幌子，成功說服銀行代理人，替她提供巨額的信貸額度，好支撐她的名媛生活方式，也讓社會名流的圈內人，誤信她是真貨。除此之外，她也簽了

幾張空頭支票，讓她未付帳單的金額高達二十七・五萬美元。就像所有詐欺故事的結局一樣，安娜最後也沒好下場。這些未付帳單的錢不會自動支付，她的偽裝不久就被揭穿了。二〇一七年十月，被指控重大竊盜罪，目前面臨四到十二年的牢獄之災。

安娜的故事，就像是網路時代的《神鬼交鋒》。雖然和以前的騙子不同，安娜並不是某種龐氏騙局的主謀。也不是個有著複雜身分的欺詐犯。安娜只是利用了我們都會被偏見矇騙的事實：會誤以為所謂的財富，就是我們眼前所看到的事情。不僅如此，我們也喜歡看到自己看到的事物。只要一張美國運通的白金卡，再吹一頭昂貴的髮型，整個曼哈頓就被她玩弄在股掌之間。那光鮮亮麗的外表，光從正面看就已經漏洞百出。身為一個「德國女繼承人」卻不會說德語？那又怎樣？只要穿著適當的衣服，認識對的人，參加特定的派對，所以這些活動都在她的Instagram裡留下紀錄。沒有人質疑背後的她是誰。

對社交媒體精通的人，都知道「門面經營」的技術：挑選生活中最讓人滿意的片刻發布，把不好的一面藏在相簿裡不發出來。但安娜把這方法推到了極致。她做的事不只是「門面」，更像是打造一個完全不存在的人物設定。不光是在網路上創造自己的身分，還帶入現實當中。在Instagram小小的方框照片裡，光是點擊「愛心」就能讓她的真實性加分不少。安娜是個極端的故事，但這故事中有很重要的啟示，那就是人們更

願意相信，眼睛所見之物。也許人很容易被騙，但更重要的是我們自己也想相信它是真的。因為，不禁會想著，也許，自己也能擁有這一切。

　　創造出自己很有錢的形象，已經是一門大生意了。二〇一六年一月，以下頭條新聞成了主流媒體內容：「大學中輟生，利用學生貸款開戶，成為股票經紀人，聲稱在股市慘綠的月份，狂賺三萬英鎊。」文章詳細描述一位在倫敦的年輕人，每天在家工作一個小時，就累積了驚人財富的過程。看看他的社交帳號，就會發現又是一堆老套的照片，塞滿現金的公事包、和自己私人飛機的自拍。他和其他數百名所謂的「百萬富翁股票交易員」在網路的次文化中，得到了英雄般的歡迎。鼓勵想要發財的年輕人，投入股市行列。但在現實中，他們所謂的「發財」並不是因為買賣股票，而是他們強而有力的說服力，並把這能力變現。他們是某些交易平台的代言人，操作著高風險的金融商品，真正販賣的是「一夜致富的發財保證」，賺取大量的佣金。在關鍵字「#binaryoptions（222,206筆）」（二元期權）、「#traderlifestyle（64,151筆）」（股市大亨的生活）、「#richkidsofinstagram（529,574筆）」（Instagram裡的有錢小子）的標籤下，炫耀自己的財富，並成為得到財富自由的代表性人物。他們最近的廣告策略，就是告訴你，你也能穿著不同顏色的Yeezy鞋子，在自己的私人飛機裡自拍。而且會成為受害者的，往往是那些最弱勢的人：那些有個人抱負，但卻無法

在大城市裡找到工作的年輕人。對自己人生賺錢前途感到絕望的年輕一代來講，光是透過簡單的Instgram帳戶就能有如此具有說服力，但基本上是詐欺般的承諾，這實在讓人擔心。

但我們需要注意的，不僅是名人和Instragram上的網紅。在某種程度上，我們都難辭其咎，向其他人兜售一些幻想，讓別人以為自己的生活比真實情況過得更富有一點。不會被呈現的，正是我們在財務上碰到的現實困境。我們會發布海灘度假的照片，而不會很尷尬地向朋友承認自己比不上他，因為自己租不起一間很酷的Airbnb度假屋，而他卻可以。無止境發布早午餐的照片，而不會讓人看到自己又透支的焦慮。會出現的是升職加薪的消息，而不是當了一年沒有薪水的實習生。把Instagram裡各種超高水準的發文當成目標，嚴格審查和編輯自己照片的內容，然後上傳到自己的媒體上，不斷把成功、財富、幸福的標準推高，我們所有人都為此推了一把。

揭開秘密

看到「發財」，最好還是保持健康的懷疑態度，這會對我們怎麼管理自己的錢財有正面的作用。那我們又是怎麼管理自己的支出呢？要是我們更能認清自己現實中的財務狀況，會發生什麼事？年輕一代的朋友正在向大家證明，承認自己有缺錢

的問題沒有關係；和老一輩相比，他們覺得和朋友能更自在地談論自己的收入。當涉及到其他人怎麼賺錢和怎麼花錢時，我們也會非常好奇。Refinery29[7]網站裡的「金錢日記」，在網路上引起風暴，裡面採訪了全球年輕女性的工資和消費習慣。我們喜歡仔細閱讀，和自己同樣人面對理財時的優缺點。這種揭露不僅是午餐休息時間的休閒讀物。它發揮了相當程度的作用，暴露出每個人在金錢上面的成功與掙扎。因為現實就是，一個人能在財務上獲得成功，那背後也一定付出相應的代價。要花錢要花得無所謂，掩飾自己錢包裡的真相，是一件代價很高的事情。從我開始寫這本書，朋友都向我坦承，自己花錢太浪費了，不是因為自己需要，而是出於某種義務和壓力。寧可為參加婚禮買新衣服，也不要穿上個月穿過的那件，或是拒絕不了去吃昂貴的餐廳，我們許多人對消費都很脆弱，不斷掙扎。

舉個例子，我最近和一個男人約會，他約我們在他最喜歡的紅酒店見面。「這小地方真別緻啊。」我內心才驚訝了兩秒，然後發現最便宜的酒居然要四十英鎊。「我們來點這個吧。」他說完，便侷促不安地指著菜單底下的智利紅酒。我吞了一大口口水。「要不要來個冷肉拼盤呢？」他自言自語，然

---

7 創立於二○○五年，總部位於紐約，定位於做一個針對當代女性受眾的生活方式的媒體。

後轉向服務生,「好,我們要來份拼盤。」我知道這一餐是各付各的,但我一定付不起和他見面前十分鐘已經噴了七十五英鎊。「對不起,你介意我們換一家餐廳嗎?我這個月手頭有點緊。」我本來應該這樣問,但我說不出口。而我實際上在做的是邊微笑邊心算那瓶可口的新世界卡本內蘇維濃,每一口值多少錢。

　　說「不」需要有足夠的信心,尤其這會暴露自己財力,更需要有十足的勇氣。要是我們挖掘自己財務上的自豪感,會發現被某種情緒阻擋:羞愧。根據知名學者布芮尼・布朗的說法,這種情緒遇上我們生活中三種元素,就會呈指數型成長:保密、沉默、判斷。當事情和自身財務相關時,這三個就成了三重威脅。正因為掩蓋了自己對錢的擔憂,我們的羞恥感才變得更為嚴重,焦慮增加,變得不受控。

　　態度開放,不只是為了幫助自己,在錢財上做出更好的決策。誠實戳破了Instagram裡的泡泡,這泡泡我們所有人都有責任,因為待在裡面讓我們自我感覺良好,結果慢慢地,我們所有人都被包在其中。分享真相,無論是擔心債務、薪資不平等,還是對投資好奇,都可以成為不錯的知識,讓你有力量也更有信心控制好自己的錢。

　　然而,這樣的思維有個挑戰,就是迫使自己從人類已經玩了幾千年的規則中踏出去。我們在某種程度上,都會有一種「攀比」的欲望。人和人比來比去,花樣很多,還啟發了

Instagram 裡眾所周知的真人秀的家族。到了今天，有的人心裡甚至會有「要是這件事沒發布，事情就好像沒發生過？」一樣的心態，這情況所埋藏的危險就更大了。「跟風攀比」不但是網路之外的遊戲規則，搬到了網路裡也持續進行著。

在第一世界的資本主義裡，理論上沒有什麼不能拿來比較，我們自然會想向全世界展示自己的成功。對於要慶祝成就而言，金錢往往是最具體的表現之一，把錢花在看得見的「物質」成了很自然的現象。我完全贊成慶祝自己的成功。就如同想賺錢一樣，這是個值得追求的目標，只要這能讓你覺得很棒，那花錢沒什麼不好。金錢不該是讓人羞愧的東西，所以我們不應該以別人怎麼花錢來羞辱他們。你有自己的花錢方法。但真正的危險在於，要是我們花錢的動機不再是為了我們自己，而是為了「跟風攀比」，那就危險了。

諷刺的是，一提到錢，大多數人其實並不真的對你持有什麼感興趣。雖然人們努力在炫耀財富，但結果都是白費功夫。「車內的有錢人」悖論說明了這情況，新的藍寶堅尼車主希望別人心裡想的是：「哇！看看這輛貴得離譜的車，真是太酷了。」但實際上別人想的可能會是：「哇，要是我能開這輛車前會有多酷。」或者是：「這死有錢人。」我們腦子裡想的都是自己，忙著創造自己的財富，不會去管你的錢。

真正的金錢，是什麼樣子？

　　這部分不是要讓我們變得更能精準算出誰最有錢而誰不是。事實上，這和怎麼判斷無關。真正的金錢是看不見的，我們前面有提到，人基於自尊心和想隱藏自己，所以我們也看不到他人的財務狀況。但身為一個會好奇的生物，我們的大腦會自動想出結論。如果不能偷看別人銀行APP，或是用Google搜尋他的房價多少錢，那我們就會用我們最直接的參考物：所有物。看著一輛價值十萬英鎊的法拉利車主。我們大腦給出的結論是，他們一定非常有錢，才買得起這麼貴的車之類的。也許這結論是正確的，但你不會真的知道。你只知道，他在買了這輛車之後，總財產少了十萬英鎊。現在信用貸款太方便了，你甚至不知道他是否真的擁有這輛車。事實是，真正的有錢，藏在那些你看不到的地方。車子還沒買下手之前的樣子。古馳的腰帶還掛在店內的樣子。獎金沒有花掉之前的樣子。蕾哈娜要指責她的財務顧問，為什麼她快破產時沒有警告她。他回應說：「這真的需要警告？如果妳花錢買了東西，那麼妳最後擁有的會是東西，而不是錢。這不是很理所當然嗎？」是的⋯⋯我們有時真的這麼天真，當我說：「我想成為百萬富翁。」我言下之意搞不好是：「我想花掉百萬英鎊。」

消費不代表購買

　　擁有東西不是件簡單的事，能理解擁有東西和擁有錢之間的區別更重要。和去年同期相比，消費者的債務一直在上升，二〇一七年，英國家庭年支出第一次超過了收入。換句話說，我們在用自己所沒有的錢購物。過去的五年裡，不斷從貸款、信用卡、支票透支、二次房屋貸款等各種的借錢手法，讓債務飆升。根據國家主計處的估計，英國有八百三十萬人無法還清債務，或是付不起家庭裡的帳單。在許多情況下，陷入負債也是不得已的選擇；隨著可支配收入的減少，揹債是必要的最後手段，而且不意外的是，這對窮人的影響更大。二〇一七年，後10%最貧窮的家庭，平均支出是可支配收入的2.5倍；前10%最有錢的家庭，支出不到可支配收入的一半。

　　與此同時，想要買自己買不起的商品誘惑比以往都大。

　　在利率出現歷史新低的情況下，「借錢」買東西，變得愈來愈有吸引力，錢也愈來愈容易借。信用評級很低？每個月都透支？為了那蠢爆的房租搞得每個月存不到半毛錢？不用擔心，歡迎來到信貸世界，在這裡，勞力士、聖巴瑟米度假行程、廚房裝修，你都能信手拈來，只要使用每個月的信用額度，就不用立刻付費。支票這種東西常被詬病的地方就是，開

得起支票不能真的代表自己負擔得起費用，但有了它，以前的奢侈品，本來要存個幾個月、存幾年的錢才買得到，現在只要幾分鐘就可以到手。為了想得到昂貴的物品，已不需耐心等待存錢；信貸像是讓你「過著最棒生活」的捷徑，包括手機、汽車、手錶。但現實是，「消費」和「擁有」是截然不同的兩件事。

　　低利率也讓人更容易借出高額債務，過去幾十年裡，我們對債務的看法也改觀了。在古代，賒帳本來是屬於有錢人階級的東西，現在它跑到了另一個極端。在十八到十九世紀，賒帳是一種奢侈品，一種地位的象徵，只有富人能用債務消費，這是上流階級購買禮服的習慣。當時，許多有房產的人去世後，留下不少未還清的債務。負債買東西不是讓買不起東西的人使用，而是給買得起的人方便。在消費上算是惡名昭彰、揮金如土的奧斯卡‧王爾德曾說過：

　　任何量入為出的人，都是缺乏想像力的人。

　　雖然出身有錢人家，但奧斯卡在二十二歲時，已背負巨額債務，他銀行賒帳單裡還寫了他借錢買一件特別貴的「華麗安哥拉羊毛西裝」。

　　二十世紀，銀行業擴大營業，信用貸款也走進了大眾市場。二十世紀初，那些挨家挨戶推銷賣東西的推銷員就是很好

的例子：他會敲開你家大門，推銷家用品，用賒購的方式來賺取他每星期的報酬。只有有錢人能賒帳的日子已經過去，情況變得相反。在一九五〇年代之前，能妥善管理自己財務，是一種了不起的成就，那時沒什麼人在談信用額度和借錢。

直到二十世紀後半葉到二十一世紀之間，新的社會運作方式出現，讓負債變得更容易，也更能被大眾接受。電視廣告是主要的催化劑：它是一扇通往時尚世界的門，也是所有人必備的家庭設備。還出現郵購目錄、信用卡、次級房屋貸款，還有最新流行的線上借貸。所有這些開啟了金融大門的新的模式，在這些模式中，對「持有物」的欲望，壓倒以前社會任何對「欠錢」的污名或指責。

現在社會規則又發生變化。隨著 Airbnb、Zipcar 和 Spotify 等公司的出現，所謂的「共享經濟」也快速發展為下一代消費者鋪好了路，他們寧願在需要的時候持有物品或得到服務，但不見得要「擁有」它們。這的確是了不起的創新，也替消費者提供更好的價值觀和機會。以這角度來看，會發現一件有趣又重要的事：我們會發現自己對擁有、持有，和消費的看法，又再次被徹底翻轉。

多一點，好一點

要得「少」是一種祝福，比要得「多」更好。

——瑪麗·艾倫·埃德蒙斯

擁有更多的東西是快樂和成功的先決條件，這是消費主義的核心觀點，消費主義是我們近代花錢價值觀主要的影響因素之一。我們平均每天暴露在超過一千六百個商業廣告之中；這是一千六百多家公司為了把它們家的商品展現在你眼前所投放的廣告金，通常會用一種「要是你買了它，你的人生會過得更好……」的說詞。在二○一二年，詹姆士·龐德系列電影《007空降危機》中，索尼、雪樹伏特加、Bollinger香檳、海尼根、歐米茄都支付了數百萬英鎊，讓大家產生這些品牌是情報特務的首選印象。雖然我們早就知道這些五花八門置入性行銷和廣告的存在，但消費主義影響的遠不只廣告活動和行銷手法，它已經成為我們對經濟成功的理解和基礎。在第二次世界大戰前，「消費者」一詞和「購買」沒有任何關係。人們購買東西，是因為自己需要它，並不是在「消費」它。直到三○年代，美國後蕭條時代，政府和行銷人員面臨了一個挑戰：要有創造性地思考，怎麼讓更多的錢進入經濟體裡。

推崇消費主義，等同推崇「美國式」的理念，人民被說服

要去追求「更多、更好、更新」的意識型態。經濟學者，維克多‧萊博十分贊成這種做法，並宣稱：「我們需要東西被消耗掉、被花費，愈快愈好，快速磨損、替換和丟棄。」這個觀點在現代聽起來很可怕，但當時的消費主義被合理化了，不僅是幫助個人實現「美國夢」的理想手段，而且還是提振經濟成長的工具。要是人們消費愈多，經濟成長也愈多。「國內生產毛額」（GDP）成為衡量經濟成功的主要指標，這指標很快被推銷到全世界。這種標準完全建立在「更多花費＝更繁榮」的原則之上。

然而，在今天可以看到這種消費主義的價值觀，對我們環境還有我們心靈造成了不少損害和衝突。因為當我們消費增加，浪費也會跟著增加。有聽過「太平洋垃圾場」嗎？你可以Google一下。就算是那些想要滿足現狀的人，也面臨現實的挑戰。我不想像個老太婆叨叨唸唸，但就像現在這樣，這種方法根本就不可能持續下去。製造商已經找到方法，確保我們不會一直滿足自己所擁有的東西。計畫性讓產品報廢，就是一種故意縮短產品使用壽命的做法。很不要臉，對吧？回想一下，在大學或學校，你會被要求購買最新版的教科書，就算它和前三十二個版本的內容幾乎一模一樣。還有你的智慧型手機，裡頭設計一個不可更替的鋰電池，在最新型號發布前，你的手機怎麼就這麼剛好性能就下降了。也許，責任最大的，可能就是兜售用過即丟的「快時尚」；從走秀的伸展，到商店的貨架。

零售店生產廉價的「流行」設計，以前，時裝界有兩個季：春夏季和秋冬季。現在我們有五十二個季。一個不間斷又連續的「微小季」系列，每個禮拜都有新品被送上架和網路上。正如我們在〈創業〉那一章裡談到的，這不僅加快我們「跟風攀比」的步伐，還對環境產生了有害的影響，時尚現在是僅次於石油的第二大污染源。

我們擁有更多「所有物」的強烈欲望，其影響不僅存在社會面，在神經生物層面也有。就各方面來講，我們自己也是受害者。二○○七年，麻省理工學院、史丹佛大學、卡內基美隆大學的研究者，探究了消費購物對神經系統的影響。用核磁共振來掃描，發現消費者購買時，大腦的「愉悅中心」就會啟動，就像性以及巧克力一樣。這點你也許不難發現，但這實驗不僅發現購物和快樂之間的關係，還發現它和痛苦也有關聯。研究中，我們大腦看到價格時，那高價位的標籤刺激到的地方，和我們身體受傷時會刺激到的疼痛中心位置幾乎相同。有趣的是，信用卡購物有效地麻醉了和購物有關的痛苦，這也許能解釋，為什麼就算債務危機愈來愈嚴重，我們依舊熱愛著信用貸款。

而且很多東西也很便宜。曾經的奢侈品，本來是最有錢或是有特殊地位的人才買得起，現在已經變得日用品化，這要歸功於製造技術的進步、更好的通訊發展和全球化。以電視為

例。在五〇年代，一台電視要花你兩百四十八英鎊（以今天的貨幣來算，差不多是六千四百英鎊），佔平均工資百分之八十以上。相比之下，今天這比例還不到百分之三。

　　但我們的胃口正在改變。過去十年裡，人們愈來愈意識到，自己怎麼花錢的影響力，原來可以這麼廣泛，這算是個好的轉變。在英國，回收率正在上升，送往垃圾場掩埋的廢物也在減少。「慢時尚」是我們在改變的一個例子，之後世界各地的消費者傾向購買品質好、對環境友善、生產合理的服裝。我們也看到了對消費主義態度的轉變。舉例來講，我在大學一年級時，麥可莫發表新歌〈舊貨店〉，那時我沒有發現這首歌的社會意義。歌曲MV是說一名喝得醉茫茫的十八歲少年，來到了地板黏乎乎的俱樂部裡。真要歸功於麥可莫，這首歌的含意比我在學生時期意識到的更深刻；那其實是首對流行嘻哈音樂影片，一直在炫富的反動和批評。「饒舌歌手總是在唱，『哦，我買了這個，我買了兩個，我花了多少錢，花錢如流水，到處是香檳，粉刷整間俱樂部。』」麥可莫解釋說，「而我的歌是那種歌的極端反面。它傳遞出來的訊息比較像是，『讓我們存一些錢，有的錢不要碰，我們用少花一點的方式，盡可能讓自己看起來很時尚。』」了不起，麥可莫。

錢的（非）真實價值

我們不只是用錢來換衣服、食物、娛樂。我們也交換自己。一個人的收入，會被視為一個人的「市場價值」，也就是我們的技能和經驗的綜合指標。它代表了別人願意付多少錢給我們。至少在傳統經濟理論來講是這樣。簡單粗暴，對吧？我們不喜歡被壓縮成一個數字，我們也知道自己的價值，不只是一張薪水支票。把自己當成某種勞動市場上的商品，這想法讓人感到生氣，不僅因為我們覺得自己不只是個賺錢工具，也因為「金錢」對我們而言，代表的不僅是個數字。金錢除了代表能買到什麼外，還有第二種價值；它不是數量上的價值，而是基於個人的、主觀的象徵價值。我們成長過程，不斷接觸各種從「金錢」延伸出的觀念，財富、經濟、富人、窮人。我們自己會把它內化，自己會產生對「金錢」的意義。這些意義和看法會因人而異，但對錢的主觀價值中包含了個人情感因素；相比客觀上純粹視「金錢」為一種工具的看法，有著巨大的差異。

或多或少，我們看待「金錢」的方式都是透過個人情感因素。對你來講可能是：權力、成功或自由；對別人來講也許是：恐懼、邪惡、控制。理解「金錢」帶給你的個人情感影響很重要，因為它不僅塑造你對「金錢」的看法，也塑造了你會

如何消費、儲蓄、投資、賺錢和贈與。我知這聽起來像又是成堆心理學的玩意兒，但確實有些科學根據在，你會看到研究中發現，如果把「金錢」視為目的本身，對金錢抱著巨大情感，這會讓我們很難去理財。

銀行帳戶裡的數字，就像是我們的個人延伸，塑造我們對自己的感覺；延伸到社會層面上，也會影響我們對其他人的感覺。養成的情緒包袱也影響到對財務看法。如果你相信有錢**就是**成功，或是錢**就是**自由，那麼你賺多少錢，會直接影響你是否覺得自己得到了「成功」或是「自由」；你的自我價值取決於你銀行裡的存款。這可不妙。再延伸來看，這種態度會影響我們怎麼看待其他比自己更富有或更貧窮的人。例如，如果你視錢就是成功的情況下，你可能會覺得一個薪水比自己高的朋友比你更成功，然後心生不滿、斤斤計較和嫉妒。這種想法把我們對「幸福」的設定定得無限高；擁有更多，就會是更好，因此我們永遠不會有足夠的東西。

而這種想法，也許也影響著我們怎麼理財和賺錢。因為自己的想法會驅動我們的行為，更別提情緒化的思考也會導致情緒化的行為。要是賺錢就代表成功，那你行為上當然會選擇高薪的工作。要是把錢存下來不去花才是最好的，那麼要讓錢從手裡送出去，就會感到不情願和有壓力。如果我們認為錢是萬惡之源，我們可能會發現自己屈服於它的「力量」，而自我感覺會變成發現自己沒有能力能控制得了錢；無法掌握自己的支

出和達到自己的財務目標。

研究也顯示：要是從純然實際層面來思考錢的人，把錢當成一種工具，那理財就變得容易得多。他們的債務可能更少，儲蓄更多，經濟壓力也更低。另一方面，當我們很情緒化在想錢的問題時，就會引發焦慮，自尊心會更低，有更多對經濟上的恐懼。但這裡有一個兩難之處：一開始沒什麼賺錢能力的人，更可能情緒化地看待錢，和情感價值連起來。於是這惡性循環就很容易出現：低收入的人會有經濟壓力，加上對錢的情緒化思考和情感上的信念，讓自己更難理財，然後產生更多的經濟壓力。這幾乎是不可能跳出去的迴圈，這也是為什麼光是敦促一個人要「好好理財」是無意義的。我們必須打開心裡的蓋子，看看背後到底怎麼回事。

請這麼做 〉〉〉

找出自己對錢的心態

如果你現在已經在翻白眼了，那也許你對財務的心態已經固化。但要是你覺得上述內容有幾分道理，那麼了解自己是怎樣的心態，就能幫助你更好掌握錢。

用下面的問題自問，不要使用從「錢」延伸出去的概念來想（如富人、窮人、破產等）。

1.「比所有我認識的人都有錢」的想法，會激勵著我。

　　→ 是

　　→ 否（直接跳到第3題）

2. 為什麼你覺得比自己認識的人都有錢，會是件好事？

3. a. 當你發現有別人比你更有錢時，你的感覺是？

　　b. 別人比你有錢，你又會怎麼看待自己？

4. 如果我有更多的錢，我覺得……

5. 如果我的錢變少，我覺得……

6. 當我在付帳時，我覺得……

7. 當我意外得到一筆橫財時，我覺得……

　　檢視自己的答案，裡面有沒有相互呼應的信念或是繞著怎樣的主題？

那麼，我們要怎樣打破這循環，然後更好地思考什麼是金錢？第一步，你需要看清錢的真面目：一項你可以控制的工具。它不是愛情、成功、自由或是其他任何情感。它不能反映出你是誰或是彰顯你的價值。金錢在本質上是中性的。就像磚頭可以蓋房子也可以打碎窗戶，錢的價值不在於我們對它的感覺，而在於我們用它來做什麼。錢可以有助得到幸福，同樣地也能帶來痛苦。你可以快樂又富有，就跟你可以貧窮又快樂一樣。有錢可以帶來成功，但有錢並不意味著成功。它可以用來作惡，也能用來行善。

這不是說我們要把有和錢有關的煩惱拋到一邊，或是把錢都捐出去，加入一個自助公社什麼的。為了滿足你身而為人的想要和需要，錢是絕對必要的，這才是真正的重點：它是滿足我們需求的工具，而不是需求本身。簡單來講，只是「擁有」金錢沒什麼用；你可以把數百萬的錢一輩子藏著，但要是沒有使用，那又有什麼差別呢？！

所以，要去思考錢這回事，並且為了能更好地管理它，減少它帶來的壓力，我們需要把「錢」從過多的情緒壓力中解放出來。上面這些廢話（聽起來像佛洛伊德精神分析），可能在我們早期的人生中就已經成形。舉例來講，當我在寫這本書時，一位朋友告訴我信貸危機對她家裡的影響：「我父親被解僱，家裡生活發生巨變……沒有去度假，父母之間的關係也變得緊張。這聽起來不太好，但我想我媽的安全感和自信是建

立在有錢的前提上。我們家沒錢後，她的信心和狀態真的變差了……我確定她或多或少會這麼想。」另一個人談到了自己是靠全額獎學金才能寄宿就讀名校，這件事又怎麼塑造她對金錢的看法：「我總是沒錢，我們家負擔不起學校旅行、音樂課或額外輔導。缺錢一直是個問題，阻礙我實現我的目標。」另一位女士談起了她過度節儉的家庭和存錢習慣。「有錢很有壓力……需要優先被控制，並好好管理。現在，我一想到我銀行裡的錢，就會焦慮不安……所以我覺得現在自己對錢可能已經是鴕鳥心態，不想去面對。」

掌握你對錢的心態

所以，一旦你決定把錢視為工具，你就可以承認，錢多錢少並不能代表你自己。當然，它會刺激你的情緒，就像任何情緒一樣，但它不會持續。圍繞金錢的情感和信念，並不能反映錢的真實情況，只反映了我們內心缺乏的東西。從「找出自己對錢的心態」的問題中，審視自己的答案，問自己對錢的感受中，背後藏了些什麼？是否你覺得自己少了什麼？或自己不是什麼的想法？

下面是不同感受的例子：

信念		意義
權力	→	缺乏控制
地位	→	缺乏自信
罪惡感	→	不被接受
幸福	→	缺乏滿足感
後悔	→	缺乏自我同情心
羞愧	→	缺乏自信

不管你認為金錢會讓你感覺好還是壞，那些感覺都不是真實的，但挑戰在於，當你還沒有「成功」時，這似乎難以讓人相信。用金‧凱瑞的智慧之言來說：

「我希望人們能實現他們所有夢想、財富和名聲，這樣人們就會發現，你在裡面不會有成就感……沒有什麼比你自己更偉大的了。」

第二節　花得漂亮

　　前面已經涵蓋所有有趣的部分，這也表示你已經能掌握所有阻礙你能好好理財的外部因素，而且也對自己怎麼看到金錢有了更好的理解。現在，就要讓自己精通此事，讓它不再那麼困難。這就是「漂亮地花錢」要談的；這些簡單，而且可以在經驗上被驗證的方法，能幫你制定預算、擺脫負債、讓你對錢有更好的安排方式。

善加預算，聰明消費

　　壞消息是：是的，你的確需要制定預算，那好消息是什麼？我會教你一個方法，這不需要你花幾年時間，也不需要你打開微軟 Excel。

　　但為什麼要這樣？為什麼我們要做這種繁瑣、耗事而且又無趣的事？這麼做的重點是什麼？預算的基本原則很簡單：**收入＞支出**。

50：30：20法

　　與其給自己設定極端又嚴格的預算做挑戰，更別說這些挑戰自己也無法完成，不如用50：30：20法，它是種簡單的預算設計。一般原則是，把你的收入分為三類，這三類你可以替自己設定明確的支出目標，給自己一些彈性，而且同時也考慮你自己的長期目標。這三類以及它理想的比例分別是：

- **需要**（佔50%）：例如：房租、商品雜貨、稅（如果你是自營業者，你需要留出錢來繳稅）。
- **想要**（佔30%）：例：訂閱網飛、度假、昂貴的白酒。
- **目標**（佔20%）：例如：償還債務、為你的長期目標存錢。

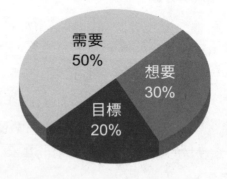

　　具體上如何操作？

第一步：計算你的稅後收入

如果你是薪水穩定的勞工，你的稅後收入應該很容易算：扣除稅款、學生貸款、要存的退休金後所剩下的收入。基本上，就是你每個月能存多少到你帳戶裡。如果你是自營業者，你需要保留額外的錢繳稅，還要替自己存退休金。

第二步：你的真實花費

知識就是力量，所以我們得先知道，你的錢到底花在哪裡？提示：可能是在食物或房租上。值得慶幸的是，現在要追蹤花費真的比以往簡單太多了。有預算APP和銀行APP，可以幫你對自己的支出自動分類，以傳統來看都要保存收據或製作Excel電子表單，現在完全不用（當然，你如果覺得傳統的比較好，你也可以照你的方式來）。找一個能簡單明瞭記錄你消費習慣的應用程式。

第三步：找出消費分配

依照50：30：20原則，你現在應該可以計算出，在理想狀態，你每個月應該花多少錢。這裡是你50：30：20的預算。

我會稱之為「理想」是有原因的。要是你日常生活費壓不下來，或是住在一個消費很高的城市，或工資太低，那麼50：30：20比例可以調整。倘若20%的目標預算太高，可以先從

10%開始，然後相對調整其他預算的比例。這比例你可以隨時升級。同樣地，要是你有辦法保留收入20%以上的比例，那就太好了！不管什麼情況，把對錢的利用最大化。

你的錢怎麼花？

- 檢視你過去三個月的支出，區分出「想要」和「需要」。你可以逐筆檢視每項交易，也可以用「類別支出」幫你省時間。（例：外食花費類別→想要；維修工具類別→需要），銀行APP也有很多功能，能幫你解決這方面的問題（參考gofundyourself.co網站）。
- 計算出你每個月在各類別中的平均支出，以及它在你稅後收入中佔的百分比。

  稅後收入：_____

	每月花費	稅後所得的佔比
需要		
想要		
目標		

GFY＋定義「想要」和「需要」

50：30：20法和大多數預算方法在本質上沒什麼不同：把「想要」和「需要」分開，一種強制區分出支出分類的方法。但我認為，我們需要重新定義什麼是「需要」。我一開始就保證過，不會教你錢應該要花在什麼上面，不該花在什麼上面。我憑什麼告訴你，少喝點咖啡、多搭公車？！我認為，我們需要對個人財務上更多點彈性，而不是圍繞著「想要／需要」的合理性在討論，並做出強烈僵化的區分法。它背後可能會有風險，把支出分類中，扣除了「食物／租房子／沒有這東西就會死」的分類後，我們對自己的財務理解會產生不必要的壓力。當然了，你每個禮拜就算不吃好吃的肉桂捲，你也不會死；但也許肉桂捲能讓你每個週末不會憂鬱。對某個人而言可能是奢侈品，對另一個人而言可能是必需品，這很OK。沒有什麼非黑即白，就金錢來講也是如此。就像健康飲食的重點，不是不能吃什麼，而是要均衡。我們也需要有類似的觀點來看待自己的支出。不要用二元論的對立法來看到花錢：從「好的花費／壞的花費」觀點，變成健康、均衡地看待花費。

如何消費

- 將你收入的50%歸入日常花費的「需要」——這是所有對你而言必要事項的預算。
- 將你收入的30%歸入日常花費的「想要」——這裡的預算是用來買,「要是我有這個的話會很棒」的東西。
- 將你收入的20%歸入長期未來的「目標」——你未來的自己會感謝你的部分。還記得你在GFY理財計畫裡制定的目標嗎?請記住,這些錢的用途會視你在該計畫中哪一個步驟而定,它的目的分別會是:作為應急基金、償還債務、再次提高的應急基金、投資。

　　一旦你計算出自己的50:30:20預算,你應該會得到三個數字:「需要」預算、「想要」預算、「目標」預算。從這裡,你可以計算出你的年度預算和月度預算。

你的理想消費分配

	每月花費	稅後所得的佔比
需要		50%
想要		30%
目標		20%

第四步：比較

　　現在，比較你實際花費（第二步）和你理想花費（第三步），看看有什麼地方需要調整。兩者之間可能有巨大差異，這也OK——定出適合的預算會花不少時間，隨著時間過去，你可能需要減少一些花費。

請這麼做 〉〉〉

比較現實和理想

比較第二步和第三步的結果
- 仔細檢查你的實際支出（第二步），看看它在哪些地方可以調整（或是大刀闊斧地改革⋯⋯），以符合50：30：20的預算比例。

需要自問的是⋯⋯
- 這筆花費真的是「需要」嗎？
- 這個「想要」的項目，我真的那麼想要嗎？
- 有沒有更划算的交易？／有沒有更便宜的選擇？

以大局為重

記住，把具有強烈欲望的「想要」也算進去，這筆交易項目不見得每個月都會出現。但都是屬於可預測的高額支出，並非突發的緊急狀況。它可能是假期旅遊花費。計算出你每年能負擔多少的假期花費，才能符合你「想要」的預算比例，然後反推你每個月需要存多少錢才能讓你旅行。這樣你每個月就可以先把錢存起來，這樣就算它是一筆龐大的開銷，但完全在預料內，不需要擔心。

- 想想過去三個月，有沒有出現過可預期，又不常出現的大筆花費，或是你可能替未來計畫好的大筆開銷。不要把這筆開銷和你20%的目標預算混為一談！就理想中，這筆錢應該從「想要」和「需要」的預算裡拿。例如：節慶開支、買新手機、你好朋友的結婚禮金、整形手術、女子單身派對、保險、聖誕禮物。
- 計算一下你每年打算在這些東西上花多少錢，然後反推出在購買日之前，你每個月得存多少錢。

第五步：自動化和追蹤

制定預算是一回事，堅持預算是另一回事。讓自己保持在軌道上最好的方法，就是盡可能減少手動管理現金流的勞力和精神壓力。

把自己的理財當成是在管理企業，你就是首席執行長：要做的不是只有把流進來的錢裝進口袋。你首先要考慮長期的問題：留出足夠多的現金來支付員工，然後在公司裡再投資。只有完成CEO的工作，你才會付薪水給自己。你的財務狀況也是如此。一旦有現金進到你戶頭，首先要考慮長期經營；先存20%的錢到「目標」預算，之後再把錢花在你想要和需要的地方。銀行應用程式的設定和固定轉帳很好用：設立固定轉帳，從你的活期存款中固定扣20%的錢到「目標」預算裡。這筆錢會用來做什麼，取決於你目前在GYF理財計畫中的哪一個階段。

稅後所得		
80% 花費		20% 目標
將該比例的錢，轉到另外獨立的帳戶，用來支付可預測的每月開銷	每月開銷付完後，剩下的錢轉移到活期存款帳戶，用來支付日常花費	轉到屬於「目標」的帳戶

一旦你滿足好了「目標」預算，你就只剩下「想要」和「需要」的預算。實際上，你也不用一筆筆交易去追蹤。把「想要」和「需要」分開來，只是幫你建立錢要怎麼花的概

念，並指引你可以從什麼地方節流，削減開支。想讓事情更簡單一點，這兩項也可以合併，形成一個月度的花費預算，佔你稅後收入的80%（30%的「想要」＋50%的「需要」）。只要你把20%的「目標」預算轉帳好後，剩下的80%就是每個月的費用（水電費、網飛、假期基金），和每天的費用（每天的三餐、雜貨、短期旅行），把這些錢存在不同帳戶中，會有不少幫助。

然後，如果你是個細節狂魔，樂於堅持50%和30%的比例，那就替自己安裝預算或銀行APP，追蹤每個類別中的支出。

請這麼做 〉〉〉

信用卡自動扣款

對於信用卡用戶：如果你使用信用卡，那同樣的預算規則也適用，但可以設定每個月的信用卡費，直接從支付的帳戶中扣款。

第六步：目標

50：30：20最好的部分在於，你可以很快達成你的長期目標，同時也允許你把錢花在一些很酷炫的東西上。你已經建立了長期計畫，每個月會轉20%的預算到你的指定帳戶。這筆錢要用來做什麼，取決於你在GFY計畫裡的哪階段。

使用下圖表計算出你存進去的「目標」預算是用在哪裡：

GFY理財計畫	你的「目標」要放在哪？
第二步—— 開始準備應急基金	存在便於取用的帳戶
第三步—— 償還金額較高的債務	還債（請參考「GFY擺脫債務計畫」，第174頁）
第五步—— 再次提高的應急基金	持續把錢存在帳戶裡，或是變成現金等價物（第206頁）
第六步—— 投資	投資平台商（你仍繼續儲蓄，但以一定比例的錢用來投資，第224頁）
第七步—— 生活和付出	享受人生，繼續投資，並考慮為他人付出。

債務

麻煩之處在於，「信用貸款」是我們人類大腦面臨最大的挑戰之山：挑戰是否能延遲滿足。我們要取得東西太過容易，擁有它們的感覺太棒，以至於在想法上遇到前所未有的挑戰。我們不僅要擔心利率，還有日後的風險。要是用現金購買，你買到什麼，你就是它真正的擁有者，這表示你也能將它出售。如果生活出問題，真的需要錢，你可以自由出售——這可是你

的東西。但如果是用信貸融資的方式買，你不僅要擔心自己是否能穩定還款，而且你也沒什麼東西能出售，還會讓你面臨信用等級受損的風險。

你已經知道，為什麼用現金購買，並且避免債務，是最好的花錢方式，但並非所有債務都一樣壞。債務就像第一次約會：它可以是好的，但一旦是不好的債務，那也可以真的很糟。

好的債務

它就像是對你長遠未來的投資，長時間看，只會讓你的財務愈來愈好，而不會對你整體財狀況產生衝擊。通常這代表低利率或是0利率的債務，但一定要小心它高額的費用或罰金。良好的債務包括：

- **學生貸款**：拿到文憑的人往往比沒拿到的人薪水高，所以辦理學生貸款可以算是筆很好的投資。而且利率相對較低，只需要你在收入達到門檻後開始償還。
- **房屋貸款**：我們都需要有地方住，除非你很幸運，不然通常都要借錢買房屋。房子不僅會為你遮風掩雨，同時也是筆資產，隨著時間過去，還有可能會增值。
- **投資自己的公司**：創業前期需要資金，從長遠來看，融資給你想實現的想法，是有機會得到回報的，這裡的前

提是你的事業得要成功，所以確保你的市場洞見夠明智，而且有良好的執行計畫（參見第96頁）。

- **買一輛你能負擔的車**：如果無法用現金買車，但車子又是你的必需品，那麼買車可能仍是值得的。確保你的交易是最划算的，且你能負擔得起還款，以及日常持有成本。

- **0% 利率**：這有可能是好的債務，不過你需要考慮到任何隱藏在背後的費用免息（年利率為0%）的分期交易會是分散成本的好方法，但後期利率通常會往上調。

不好的債務

這是指你無法長期揹在身上的債，最後會讓你財務狀況愈來愈差。這些花費往往是花在快速掉價、無法從事任何生產的消費上。不好的債務包括：

- **衝動的購物**：當然，為期兩個禮拜的橫跨西伯利亞旅行，在錢花下去的當下，聽起來很棒，但過一兩個月後就……這的確很無聊，但計算任何一種貸款的長期承受能力是至關重要的。沒有人會替你做這件事！

- **超高利率**：有時候高利率不見得不好，但有的高利率貸款真的挑不出半個優點，其中一個就是以發薪日還款能力作為預借現金的依據。

GFY ＋如何獲得良好信用評等

　　要是消費時無法付現，也有一些小撇步，確保你的交易是划算的。

- 先用高額的定金預訂，看能不能拖延一兩個月成交，讓自己存夠錢？
- 比較銀行貸款，算算看借貸成本是多少，包括利息和背後的相關費用。
- 討價還價，如果沒有要買全部的話，能不能算便宜一點。
- 找找低利息的個人信貸和分期0利率的信用卡，不要只看商家提供的分期方案。
- 實事求是地看待你每個月真實能負擔的債務。你是否已存下足夠用來應急的基金，而且還能支付營運費用和個人日常開銷？
- 把未來信貸需求也考慮進去：如果申請房屋貸款，那你個人信用評等也會受影響，要是你沒有準時還款，那就會拉低你的信用評等。

GFY 擺脫債務計畫

　　根據經驗：要是你買不起，也不需要，那就不要買；但生活有時一團亂，不好的債務常會出現。要怎樣才能擺脫它？後面這一部分，會教你怎麼組織和擺脫身上的不良債務。

1. 排出優先順序

首先，要留意的是哪些債務需要優先還清。並不是欠款金額最多高的債務，而是找出倘若不清償會帶來嚴重後果的債務。使用下表檢查你的債務是否有以下情況，要是有，請盡快還清。

債務的優先級別

債務類型	未付款的後果
抵押貸款或擔保貸款	收回你的房子
租金	收回承租品
政府稅收	法警會找上門、扣除薪資、福利，用房屋抵債、破產或被監禁
小孩撫養費	法警會找上門、扣除薪資、福利，或被監禁
英國治安法庭的罰款	法警會找上門、扣除薪資、福利，或被監禁
欠稅、增值稅、國家保險	法警會找上門、扣除薪資，破產收到郡法院還款的判決書
縣法院的判決	法警會找上門、強制還錢，或扣除薪資
電視費	罰款
天然氣和電費	斷電，瓦斯扣除福利
分期付款或汽車貸款	收回車子、收到郡法院判決
電話費	斷開線路，收到郡法院判決

緊急情況，尋求協助！

如果你每個月都在為了還債而掙扎，不要擔心，你可以這麼做：

- 立即和貸款人談談，看能否降低你每個月應付的錢。
- 確保你水電方面等公用服務方面的費用已經壓到最低。
- 向地方政府諮詢，看看你目前繳的稅率是否合理。

要是你突然面臨債務危機，例如碰到法院訴訟、未還完房貸的房屋被收回，請尋求免費的協助單位。例如向非營利的債務輔導求助，代替你和法院、執行官或是債權人交涉。請參閱第185頁，了解怎樣是在金錢方面有健康心態。也請看看gofundyourself.co網站，裡面有更多的資訊。

2.組織優先級別較低的債務

一旦你還清了優先級別較高的債，接下來換優先度較低的。

記住，優先級別低不意味著不重要，只是代表若是未還款，後果不會那麼嚴重。但要是長期拖欠，你仍有可能被法警押到法院裡，強制你還款。更別提背後隱藏的高利息了。這可一點都不好玩。

非優先級別的債務包括：

- 透支
- 個人貸款
- 銀行或是建屋貸款協會的借貸
- 向朋友或是家人借的錢
- 信用卡、商店卡債務、發薪日貸款

檢查一下你的債務，看看有沒有辦法減低利息。你可以透過「餘額代償」來實現，也就是你用一張新的信用卡，來償還你上一張信用卡的債務。或是用0%利息分期交易，它會在一定時間內不計利息（但會有額外費用），不然就選擇初期利率較高，但長期算起來較便宜的卡。

請這麼做 〉〉〉

組織你優先級別低的債務

把你的情況填入以下表格，寫下你負債的金額和利率。

負債種類	利率	負債金額

3. 選擇方案

你應該堅持每月還最低限度的貸款，免得還款進度落後，如果可以，最好還到自己能負擔的最高限度（但要確認一下借貸合約，看看超額還款會不會有違約金等等）。如果你堅持80:20的預算比例，那麼你20%的目標預算，應該用來付你的債務。要是20%你無法承受，也沒關係，在你能負擔的範圍內盡力就好。

然而，要是你有很多非優先級別的債，那要先還哪一種債就有點難決定。下面一些策略可以幫你快快擺脫債務，也最大限度減少你要支付的利息。

方案1——優先償還高利者

什麼意思？ 顧名思義，就是優先考慮利率最高的債務。

怎麼做？ 把債務利率從高到低逐一排列出來，並從利率最高的開始，逐一還清（但要留意其他債務仍需達到最低還款門檻）。

為什麼？ 就技術層面而言，這是最具成本效益的策略，可以讓你最後付出的利息最少。對於利率很高的債務，這種方法可能是最適合的。

方案2——雪球法

什麼意思？ 像滾雪球一樣，優先考慮最小負債額的債務。

怎麼做？把你所有債務從最小到最大排列出來，然後從最小金額的開始逐一還清（記住，其他債務也要保持在最低還款額度）。

為什麼？雖然長期來看，你可能付出更多金額，但從最小的開始還，很多人在心裡會有成就感，鼓勵你繼續償還更多債務。如果你債務的利息差異不大，這種方法可能是最適合的。

不同人有不同選擇。思考一下，如果能清償所有債務，哪一種方法最能讓你有動力？這會受你利息種類，還有債務規模影響。

GFY＋如何自助？

如果你明白過度消費讓你負債累累，那麼你可以採取一些措施阻止自己花錢，以下是一些可以增加消費難度的方法：

- 讓網路消費變困難。從網路瀏覽器裡刪除你信用卡的資料。
- 和朋友跟家人談談，知道自己容易被什麼東西刺激，或是你的地雷在哪，以便他們能從旁協助，並請人督促你執行擺脫債務的計畫。
- 和你的銀行聯絡，要求在你的信用評級檔案中加入說明，讓你更難獲得貸款。
- 考慮完全停用信用卡。

金錢與愛情

我的就是我的，你的也是我的。

——匿名

愛情可能是偉大的，但它需要支付水電費，還有浪漫度假的旅費。統計數字會讓人清醒：金錢糾紛是離婚第二大原因，緊咬著第一名的不忠。在戀愛關係中，通常在約會前幾個月就開始聊聊確認對方是否單身，和自己的關係是哪一種定位。那麼「金錢」呢？我們在什麼階段可以談錢？更重要的是，結了婚後你們究竟是如何理財的？

當然，就算是同居也會有理財的問題：帳單怎麼分攤，誰買晚餐。但真正的挑戰還不是要怎麼理財，而是你們對金錢的感受各是什麼。新的關係裡，兩人的價值觀和觀點會相互碰撞，尤其是金錢觀和愛情觀，更容易引起爭議。我們不僅把自己的財務狀況搬到檯面上，順便也帶上金錢觀的包袱：過去養成的價值觀，和夫妻間對錢該怎麼管理的信念，和所有應該和不應該的種種事項。這些價值觀會影響我們怎麼處理自己的財務，同樣地也會在我們關係中引發問題。如果你認為金錢就是權力，那想像一下，要是你發現你另一半賺得比你多時，這會對你自我價值產生什麼影響？這就是為什麼，需要把對錢的感

受，也搬到檯面上來看，最好先掌握自己對金錢的價值觀（第156頁）。

　　一個朋友最近公開了她和她男友怎麼管理他們的錢；男方表明自己童年經歷怎樣塑造自己對錢的看法和態度：「我的父母經歷一場可怕又貴得要死的離婚，這無疑影響我對金錢的感受，覺得需要守好自己的金錢。但我女友卻非常堅持，兩人的錢應該要共享。」這在關係中有很大的挑戰，就像許多人一樣，開放溝通是關鍵，但到最後，仍有一方得屈服。你們可能不在同一條起跑線上，所以把「錢」的價值觀，當成一種機會，讓兩個人站在一起：創造屬於你們都能接受的共同價值觀。你們是一個團隊，金錢是你們共同生活的工具。

GFY＋愛情與金錢方案

　　在你們溝通金錢相關問題時，必然會談到要如何管理財務。沒有一個放諸四海皆準的方法，但一般而言，有四種方法可供選擇：

- 分開——把所有分得清清楚楚，並制定規則來支付共同費用。這可以是50/50的比例分配，也可以用你的收入和另一個人的收入當成比例分配。
- 共享——把你所有資源集中在一個共享帳戶，你所有支出都從該帳戶付款。當涉及到要在財務上決定什麼是「需要」和「想要」的時候，請確保你們的觀點和目標要一致。

- 混合——與其一下子就決定某一類型，不如先採取折衷方案，創建一個共享帳戶，雙方每個月都轉入一些錢。這些錢就用來支付公用服務的帳單，像是水電費、一起吃的晚餐和房屋租金。你可以決定哪些是共享的，哪些不是。
- 補貼——當一方收入不足或遠低於一方時，主要收入方可以把特定金額的錢轉到伴侶的帳戶。補貼的額度由你來決定，重要的是雙方都對這安排感到滿意，而這筆錢不應被視為給對方的「恩惠」。

如果你要決定和對方共享資源，不需要一下子給出全部。試著開一個共享帳戶，每個月轉一小部分錢。如果一切順利，而且你們對理財和關係的進展都很滿意，可以增加自己匯進共享帳戶的額度。

關係和負債

記住，和信用評等低的人結婚或同居，並不會影響你自己。但如果你們一起貸款，或是開設共同帳戶，那就有可能了。所以，在你們把財務相互結合之前，請檢查你們的信用評等，了解是否有可能對雙方都有利。

愛情的法律性問題

同居

　　根據英國法律，同居但未婚（有時稱為同居夫妻），在英國法律沒有法律地位。這意味著，要是你們分手了，沒人有權說誰有權分到什麼。同居協議和信託契據（在置產的情況下）是法律承認的協議，裡面粗略界定雙方的權利和義務。例如，如果你們一起買了房產，而頭期款兩人不是平分，或是你們其中一人為了照顧小孩得停止工作，萬一不幸地，最壞的情況發生了，這樣的不平等意味著什麼？誰有權力得到什麼？雖然有關財產的信託聲明具有法律約束力，這代表它會得到法院支持，但同居協議則不一定。簽署同居協議要得到法律保障，得要符合規範，並且雙方都需尋求獨立法律建議，那麼此協議才有可能被法院採納。

婚姻／民事伴侶關係

　　最終的承諾。浪漫？是的。那財產方面呢？更是如此。要是你已婚，或是處於民事伴侶關係中，又或許只是在考慮階段，請熟悉以下好處：

● **婚姻免稅額**——如果丈夫或妻子沒有收入（或是收入低於個人免稅額），那麼只要他們有達到基本稅率的門

檻，收入較低的一方可以將個人免稅額的10%轉移給對方。在我撰寫本文時，這意味著收入較高的人，不必再為額外的1190英鎊繳20%的稅，能為他們提高238英鎊的生活水準。要是婚姻免稅額適用於你，你需要在稅務海關總署的網站上填寫一份簡單的申請表。

- **遺產稅**——結婚後，你把財產轉移給自己的配偶不用繳稅，而且還可以把你未使用的「遺產稅免稅額」也轉給你的伴侶，那就變成有兩倍的免稅額。

- **資本利得稅**——這是指你在出售資產（如股票投資和房地產買賣）時所賺取的利潤，這筆利潤需要課稅；但若你贈與伴侶任何東西，是不用課稅的。

- **退休金**——大多數私人退休金計畫，允許你去世時，將一定比例的退休金轉給你的配偶或民事伴侶。一定要確認條約！

- **遺囑**——就算你沒立遺囑，你的配偶和民事伴侶也會自動繼承你留下來的部分金錢或資產。

和同居關係不同，根據英國法律，配偶和民事伴侶在法律上享有一定的權利。在離婚的情況下，結婚時的資產（你或你的配偶在婚姻關係時，獲得到的財產），很可能需要分配給對方。通常是對分，各分一半，但很多時候也有例外。

金錢與心態

　　二十歲的傑洛姆，不久前得到他第一份工作，當快遞員，騎著心愛的摩托車，幫倫敦的醫院運送血液。他和朋友說，他每個月能賺一千五百英鎊以上，這工資能讓他和自己女友一起度假。

　　事情始於兩張六十五英鎊的交通罰單。傑洛姆付得起罰單。但他摩托車恰巧也壞了，工作合約上寫明，他必須自行負擔修車費用，這讓傑洛姆陷入困境。幾個月內，這一百三十英鎊已經變成了一千英鎊的巨額債務。不久他被執行官緊追不捨。傑洛姆恥於向家人坦白，從他網路搜尋的歷史資料顯示，他在「發薪日貸款」和「自殺」這兩個關鍵字間不斷搜尋。法警扣押了他的摩托車——他主要生財工具，也是他償還債務唯一的方法。傑洛姆在那不久後，寫了封訴說愛意的簡訊給他女朋友，然後最後一次離開家門。一天後，他哥哥發現了他的屍體。

　　金錢、債務、心理健康之間的關係密不可分。在英國，統計數字不言自明：

- 四分之一的成年人，在一生中某個時候會有心理健康的問題。

- 揹債的成年人中每兩人就有一個有心理健康的困擾。
- 心理健康有問題的人當中，每四個人就有一位有債務困擾。

不健康的心態，
會讓理財更加困難

擔心錢的問題，會促
使不健康的心態發生

　　不分貧富，我們都會有心理健康問題；而且經濟壓力帶給所有人的影響幾乎是無窮無盡的。我們都需要擔心自己的基本需求：有沒有地方住、衣服、食物，以及一大堆財務上的挑戰：裁員、債務、成癮、健康、經濟壓力、分居、小孩子……所有這些會形成惡性循環：對金錢的擔心會影響我們的心理健康，而糟糕的心理狀態會讓理財變得更難。

　　如果你的消費行為，會對你的心理健康產生不良影響，又或是它正是因為心理健康問題才刺激你消費，那麼心理健康相關慈善團體會建議你先了解自己的行為。

- 思考你什麼時候花錢，以及為什麼花錢。

- 想想有關錢的哪方面，會讓你的心理健康變得更糟——和人談錢的時候、打開薪水袋的時候、和人起衝突的時候，還是你粗心犯錯的時候？或是其他情況？

- 記錄你的消費日記，可能會有幫助。把你花錢的金額和原因寫下。也要記錄你當時的心情。這可以幫助你找出任何觸發你花費的因素，或是行為模式。

- 當你對自己行為有愈來愈多的了解，你就能知道怎樣做可能會有幫助。有時，光是知道自己的行為模式，就能讓你感到更有控制力。

對金錢的焦慮不安永遠沒有真正結束的時候。它會需要一些時間，但總會有解決方法，而且有很多機構或是很多人願意幫助你。它包括了實際的援助，像是制定一個可負擔的還款計畫、情感上的支持、醫療。你的家庭醫生或其他健康專業人員可以提供一份「負債與精神健康評估表」。能幫助你的債權人把你的心理問題也考慮進去。有關管理債務和得到心理健康支持的更多資訊，請到 mind.org.uk 網站查詢。

第五章

投資

第一節　儲蓄與投資

在〈花費〉那章裡，我們討論了怎麼編預算，把20%的錢用在長期目標上。但如果你想要像個毒梟一樣囤積現金……別、別、別！本章中我們談談投資（GFY理財計畫的第六步），讓錢開始滾動，幫助你更快達到目標。

在第一節中，我們知道為什麼一直抱著現金，實際上是在虧損，並讓你知道，就算沒有華倫・巴菲特的智慧，也能在未來滾出數百萬英鎊。如果你在GFY理財計畫中的第一步，把買房當成理財目標之一，那麼第二節就是為你而寫的。它提及了取得房屋所有權要顧及的所有方面，會幫助思考買房是否真的是你想要的，也告訴你從租房子到變成屋主之間的過程。

讓我告訴你，兩個投資者的故事。

葛莉絲・格羅納，一九〇九年出生在伊利諾州，萊克郡的小農村。她十二歲就變成孤兒，受鎮上一家好心的家庭支助，才有機會進入伊利諾州的萊克森林學院，就讀文學院。所有認識葛莉絲的人，都說她是善良、謙遜的女士，過著很普通的生活。她沒結過婚，也沒有小孩，大部分時間都住在一家電影院樓上的房子，只有一間臥室的小公寓。這讓她的故事更蒙上一

層神秘色彩。因為在她去世後，她的遺囑表示要捐出七百萬美元的驚人鉅款給大學母校。所有認識葛莉絲的人，都想知道她是怎麼得到這筆巨大財富的。錢從哪來的？

　　葛莉絲沒有贏得彩票，也不是什麼信託基金的繼承人。她會這麼有錢，可以從她二十六歲做出的一個抉擇來解釋。就像她過著普通生活一樣的平凡決定，但後果卻十分驚人。擔任亞培藥廠秘書期間，葛莉絲買了自己公司三股的股票，當時一股六十美元。在工作生涯中，這些股票已經有多次分割，也支付股利（公司營利分給股東的利潤），她每年都把股利再投資。她對自己累積的財富完全保密，並在去世前成立了一個基金會，在未來的幾年能繼續支助自己母校的學生。

　　就在葛莉絲去世後幾週後，另一位投資者的故事登上新聞頭條。理查・富斯康，發出了個人破產聲明。理查哈佛畢業，在銀行業有著輝煌的資歷，最後成為美林證券在拉丁美洲的副董事。這樣的成功，代表他可以在四十九歲就退休。在看了自己老朋友的退休生涯後，他相信自己的退休生涯會是自己人生最精采的階段。享受退休後的自由時間，他投入當地的社區慈善活動，同時也利用自己的巨大資本，成立自己的投資公司。當然了，他退休後的生活也愈來愈奢侈。買了夢想中的房子，同時也是該地區最值錢的房產之一，還借了一千兩百萬美元擴建。他是所有朋友羨慕的對象，朋友們會參加他玻璃屋的游池派對。但，好景不常，在二〇〇八年金融危機的時候，事情發

生轉變。他自己投資兩千五百萬美元的投資公司倒了。理查背負了一千三百多萬美元的債務，奢華的生活也就此結束。公司倒了，他也就沒有能力支付每月六萬六千美元的房屋貸款，以及其他負債。經歷重大損失後，他賣掉自己的房子從破產中走出，打算從頭再來。

這故事並不是要告訴你什麼「銀行家是吃人不吐骨頭」的老掉牙教訓。也不是告訴你，要發財的唯一方法，就是過著儉樸生活，把賺來的錢投資給自己公司股票。當然了，葛莉絲在財富上的成功，可以說是運氣好，就像理查之所以破產也可以說是時運不濟。就像所有投資一樣，時機、環境、機會，都是關鍵。

但，葛莉絲和理查的故事背後，藏著一個寶貴的教訓，並不是什麼該投資，什麼不該投資，而是一個好的投資者會做怎樣的事。這兩個故事告訴我們，財富上的成功，和你是什麼人沒什麼關係。也不是說那些在銀行工作過的人，受過高等教育的人才有辦法發財。重複投資的行為才是關鍵。要理解到，累積財富是一個緩慢遊戲，要有耐心讓自己達到目標。

很容易可以理解為什麼人們會有不一樣的見解。價值數十億美元的行業，一直在告訴我們哪一類股票才是明牌，買哪一支會讓人發財。它並不會讓我們有更清楚的視野，看不到真正重要的東西：成功的投資者會做出怎樣的行為。因此，我們對投資的正確認知已經扭曲了。「投資者」一詞，會讓我們想到

《華爾街之狼》裡的形象：穿著條紋西裝，握著一堆鈔票在交易大廳大吼大叫的樣子。事實上，完全不是這麼回事。投資，尤其是好的投資，不在於你是誰，而在於你每天做的各種行為和選擇。我們被灌輸一個觀念：只有無趣的人才會很有耐心。想買車嗎？但它需要花掉你兩年的薪水。沒問題，這裡有每個月的不同額度的分期付款可選。廚房需要翻新，但你帳戶裡只有三百英鎊怎麼辦？辦一張我們商店推出的信用卡，當下立刻就辦得到。雖然理查的目標和我們不太一樣，但行為態度是一樣的。他想要的東西，就要立刻到手。

葛莉絲在財富上之所以成功，不在於她有神蹟般的眼光，能看到被人嚴重低估的股票。事實上，她致富的秘密能被一般投資人複製，就算是投資別間公司也能成功。她真正的天賦是耐心，這是她成為最大的投資技巧：複利。

投資原則 1：複利

> 複利是世界上第八大奇蹟。理解他的人會得到它，不理解
> 的人會付出代價。
>
> ——阿爾伯特·愛因斯坦

我一開始就已經提到，葛莉絲沒有花掉分毫股利，而是每年把股利重複投入股票裡。這意味著，她沒有把她的收益兌現和花掉，而是繼續讓錢滾錢。多年後，葛莉絲不僅在她一開始的投資裡賺到了錢，而且還在過去幾年的再投資，再次利滾利。舉個例子，假設你是位二十二歲的年輕人，你投資了一千英鎊，預計每年會有10%的報酬率。第一年後，你會有本金一千英鎊加上一百英鎊的收益，總共會有一千一百英鎊。本金一千英鎊到了第二年，你又有10%的收益，這收益是以第一年的本金加利息為基礎去算的。所以你現在總共有一千兩百一十英鎊。到了第三年，你的利息計算基準會算上你第一年和第二年的利息再加本金去計算……以此類推。這種累積的效應被稱為「複利」，隨著時間過去，影響會慢慢大到能改變你的生活。

假設你繼續投資：但在投資最開始的一千英鎊後，又繼續把10%的收益投入股市。四十年後，你會有驚人的十萬英鎊！就算把通貨膨脹扣掉，也將近有五萬英鎊。難怪愛因斯坦會把複利稱為世界第八大奇蹟。

複利的力量

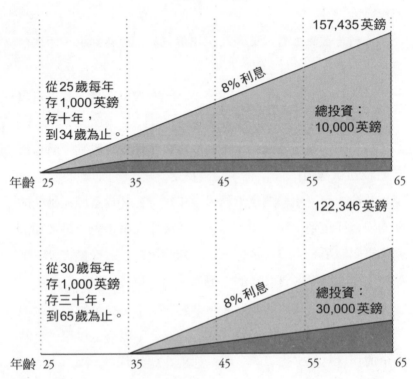

從25歲每年
存1,000英鎊
存十年，
到34歲為止。

8%利息

157,435 英鎊

總投資：
10,000英鎊

年齡 25 35 45 55 65

從30歲每年
存1,000英鎊
存三十年，
到65歲為止。

8%利息

122,346 英鎊

總投資：
30,000英鎊

年齡 25 35 45 55 65

什麼是投資？

在我們進一步討論之前，我們澄清一下什麼是「投資」。

投資：購買資產或是商品，其目的是為了在未來賺取更多
財富。通常來說，這代表你買的東西，會因為你的持有而讓你

變得有錢，比如你買了房子再把房子出租，或是購入股票。這也意味著買一些會增值的東西，日後能在賣出時獲利。這種收益稱為資本利得。這可以是你買來自住的房子，或是一個成長型股票。（收入型股票和成長型股票的定義，參見第205頁。）

因此，「投資」可以指很多種交易，但決定它能稱為「投資」的關鍵在於，買的人相信未來某些時候，這行為能替自己增加財富。「投資組合」指的是你投資任何你覺得能增加財富的各種項目。投資者希望能得到比傳統銀行更高的利息，並且這獲利是穩定的。比如：0.5%。不過，愈高的回報率，往往伴隨著更高風險和不確定性。雖然不同資產的風險水平不同，但投資者必須自負盈虧；不管投資標的是什麼，都有可能貶值，最後也可能會虧損。

當然，很多人會想要能像銀行般的安全，這也沒什麼不對。有的人更想要穩定，而不想要高報酬。事實上，抱有一定的現金還是有道理的。就如同我們所見，金融危機出現時，往往是晴天霹靂，所以保有現金還是很重要的。投資不見得要全部投入或全部撤出。根據你自己的信心、風險偏好、長期目標，會有不同比例的選擇。

你也可以投資其他資產，像是房產，我們會在第二節中看到。然而，我們最常見的投資，也是在第一節提到的，是在市場中買進資產。而不是買水果、蔬菜那種，而一個能在金融市場中賣出的商品。股票就是其中一個例子。

直視不同世代的不同信念

你永遠不可能以過去的事情來預測未來。

——埃德蒙·伯克

　　人生中早期接觸到的觀點和習慣很難改變。雖然我們人生的所見所聞只佔了真實世界比例的一小部分，但它卻塑造我們大部分的信念，相信世界是怎麼運轉的。當談到我們如何理財的看法時，更是如此。對我們大多數人而言，我們從自己父母身上學習金錢如何運作，這就解釋了我們對金錢的態度，往往受自己父母在經濟上的成功和失敗而決定。成長過程和童年經歷不同的人會有完全不一樣的故事，但仍有一些信念和恐懼透過不同世代給傳了下來。

　　對於我們這一代而言，整個九〇年代和九〇之後成長的人，會看到自己父母輩的房產價值不斷上升，然後一直聽著他們講述自己買的第一套房子有多少錢，現在又值多少錢……之類的噁心故事。尤其是英國，我們的夢想就是擁有自己的房子，我們傾向相信，最好也最理想的投資，就是房地產。但談到股票時，我們大部分的人會抓狂。我們中大多數人都經歷過至少一次金融危機。不管是二〇〇〇年的網路泡沫，還是二〇〇八年的信貸危機，我們都看到了股市最醜陋的一面。尤

其是二〇〇八年的危機，金融業讓自己臭名昭彰，我們對市場的信心也隨之受損；也許你自己就親眼目睹受到全球金融危機時，身邊人受到怎樣的影響。再加上我們學校沒有教授任何有關經濟和金融運作方式的知識，難怪年輕一代的人提到投資時會畏縮不前。我們看過它造成的損害，並認為我們已經記取教訓：現金是安全的，避免持有股票，並對房地產有一定程度的著迷。然而，就算過去二十年內，已經證明了一件事，股市的波動有時會非常可怕，但從長遠來看，它的賺錢能力並沒有被否定。

投資原則2：時間

想像一下，你剛買了一隻小狗（姑且叫牠蘿拉），你帶著牠到公園散步。你有個計畫：今天天氣不錯，你到公園另一頭時，打算去喝杯咖啡。但是，蘿拉有自己想去的方向。一下左奔、一下右跑，看到路人還會跳起來。幾乎不受控。但就長期來看，你知道最後還是會到什麼地方。投資也是如此：小狗蘿拉就是股市短期的不可預測性。但從歷史的長遠來看，尤其是聰明的投資者眼中，事情總是往積極的方向發展。

例如，如果你選擇一九七〇年一月到二〇一七年七月之間的任何一天來投資。根據歷史的股票數據，你會有53%的機

率能賺錢——換句話說，在這一天裡，只有53.5%的股票是增值的，它只比在賭場裡把錢壓在輪盤上的黑格要好一丁點。但如果我們同樣在那期間內，但拉長成一年的投資。這一次，你賺到錢的機率會上升到77.8%。投資十年，贏的機會會上升到98.6%。事實上，這段期間內，在股市投資超過11.1年的人，都不會有任何損失！

過去的九十年裡，標普500指數，年平均回報率為9.8%，如果把它當成儲蓄帳戶的利息，那會是非常讓人興奮的利率。但這樣的統計數據可能會有誤導；這和你的儲蓄帳戶每年會有1%利率的承諾不同，標普500指數並不保證投資者每年利率會有10%，也不能指望投資每十年本金就一定能翻倍。首先，一旦你把通貨膨脹算進去調整，這數字就會降到只有7%左右，但也要考慮到，雖然平均下來是10%，但你很少真的看到股市回報率接近這個數字——它常常不是遠高於它，就是遠低於它。換句話說，那是不可預測的。

看看這張表，標普500指數過去二十年的平均回報率表格：

標普500指數（1930-2019）

標普500指數的年回報率 *							
1999	19.53%	2004	8.99%	2009	23.45%	2014	11.39%
2000	-10.14%	2005	3.00%	2010	12.78%	2015	-0.73%
2001	-13.04%	2006	13.62%	2011	0.00%	2016	9.54%
2002	-23.37%	2007	3.53%	2012	13.41%	2017	19.42%
2003	26.38%	2008	-38.49%	2013	29.60%	2018	-6.24%

*標準普爾500指數，1999到2018年的漲跌。
不含股利。

　　你可以清楚看到過去二十年它的價格起伏；也可看到每年的表現差異都很大。這就是短期投資的風險很高的原因——你可能會賺很多，但也可能賠不少。

　　這就是為什麼想要「把握市場時機」是個壞主意，所謂的把握時機，也就是預測什麼時候會漲會跌。就算是握有投資工具和各種演算法的專業交易員，擬定好戰略進出市場，避免賠錢，其成功率也非常有限。

　　但現在我們來看一下標準普爾500指數八十年來的表現（見下圖）。你仍可以看到表格每年的漲跌，但從長遠來看，價格是上升的。

你會看到短期內發生的事，不能有效預測績效。一個更成功的方法，是長期投資，所謂的長期投資，就是要五年以上。

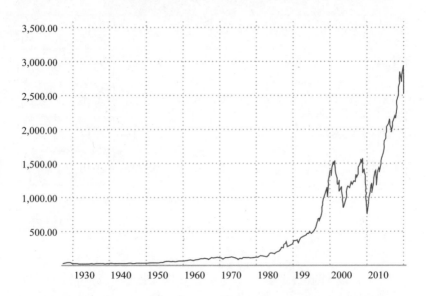

　　重點是，價格起起伏伏在所難免，但從長遠來看，這些起伏波動都是可以克服的。你在市場上的時間愈長，就愈不可能賠錢。就事實的機率來看，你會賺錢。

　　如果你從這一章中學到什麼教訓，那就是投資對大多數人來講可以成為強大的工具，對我們這一代的人而言，更是如此。努力工作、活得更久、退休金更少、工資更低、社會保險更貴⋯⋯我不會再提一百零一個其他已可預知的未來讓你灰心挫折，只是告訴你，思考並做好應付未來的準備是很重要的。你知道這樣的思考是合情合理，但合理的分析很少能讓人真正

動起來。

　　那我們換一個角度思考：我們投資不是為了等自己到了七老八十的時候能有筆小錢，而那時候我們搞不好還無法退休，也仍在租房子；我們投資是為抓住機會，讓難以動搖的貧富差距變得更小一點。

　　在投資方面，我們有一個競爭優勢。我們擁有地球上最寶貴的資源：時間。

　　不僅有更多的時間來使用複利，也更有時間來撐過市場的波動。事實上，市場的波動對我們來講是件天大的好事。

　　投資的目標很簡單：低價買入，高價賣出。或是定期購買一點（點滴餵養式投資〔drip feed strategy〕，詳見第224頁）。因此，雖然市場下跌意味著我們的投資可能在這期間會貶值，但這也讓我們有更多低價進場的機會。退休生活不會這麼快來到，所以當上一代的人從市場兌現退休金時，就是我們進場的時候。

你準備好了嗎？

　　在所有條件都相同的情況下，愈早投資愈好，但在開始投資之前，有一些事項需要一一勾選確認。你可能有足夠的資金投資，但重要的是要考慮到，這筆錢是否有更好的使用方式，

或是這筆錢你是否真的都能動用。我們回顧一下GFY理財計畫（見第17頁），在投資前應採取的五個步驟。

第一步：你已經有了目標。

第二步：你已經有了應急基金。

第三步：你還清了金額較高的債務。

第四步：你有退休基金，而且盡可能提高它的繳納額度。

第五步：你再次提高了你的應急基金。

第六步：投資！

理論上來看，你現在可以像喬登‧貝爾福一樣自由地把錢扔到市場裡，但在你這樣做之前，請繼續往下讀！

我到底在投資什麼？

你已經完成了一些理財步驟，也準備好有所行動，但我們需要確認一些基本的東西有顧到。我就直說了吧，接下來的東西可能不怎麼刺激，而且會很無聊。我可能會把下面內容歸為「我正在進行尷尬的第一次約會，除了需要了解彼此日常生活之外的話題」的分類類別。但請堅持下去，這很重要。

首先，我們先看你在「投資」時，買的都是哪類資產。

為了不要讓事情太複雜，我們簡單把投資分成三類：股

票、債券、現金，每一類都有不同程度的風險。

資產		風險等級
股份 （又叫股票或有價證券）	• 如果一家公司是一塊蛋糕，那股分就是其中的一小片。擁有股份通常被稱為持有該公司的股權。 • 有些是私人公司，另一些則為公開，這意味著它們的股票是在市場上出售（被稱為「上市」）以募集「資本」。投資者可以自由買賣。 　然而，股票買賣有風險，有的風險會高很多；一些意外或是負面消息，會影響該公司的價值、股息支付，甚至是股價。如果公司破產，你的股票也會一文不值，可能會損失所有的錢。 　有三種類型的股份可以賺錢。「股票」是一種通用的詞，用來描述對一間公司的所有權。 1. 成長型股票：按照預期，它會隨著時間價值增加，因此，可以在日後以更高的價格出售。要是公司表現良好，價值上升，你的股票價值也會上升。這就是所謂的資本增值。 2. 收入型股票：一定比例的利潤回饋給公司股東。這種回饋稱為股息（按季度支付）。這些公司往往是大型、成熟的公司，成長緩慢，但利潤豐厚。收入型股也可以是價值型股票。	★★★

資產		風險等級
	3. 價值型股票：這些公司的交易價，通常低於他們看起來應有的價值。例如，要是一家快餐連鎖店陷入公關醜聞，發現他們的素食漢堡並非全素，那股價有可能下跌。投資者會認為這是一個機會，買入被低估股價的公司股票，因為人們總是健忘，很快它的股價都會回漲。	
債券／固定收益	• 簡單來講，債券是由政府或是公司想要籌募資金（也稱之為資本），而發行的借據。 • 你借錢給它們。然後會有一定時間內得到固定利率（息票），這也是為什麼它們有時被稱為「固定收益」的投資。 • 一旦期限到了（債券到期），就可以回收原始投資。 • 舉例來講，你可以投資五千英鎊，買到利率為3%的五年債券。假使你一直持有直到債券到期，你會在這六年內得到一千五百英鎊的利息。 • 就投資風險而言，債券介於股票和現金之間。風險最小的是政府債券和大公司的債券，但有的債券也會破產。由於破產公司有義務償還債券持有人錢，其優先級別高過股東，因此它的風險比股票小。	★★

資產		風險等級
	• 根據標普評級機構的說法，不同類型的債券有不同的風險等級，「投資級債券」從AAA到BBB不等。 • 英國政府發行的債券；有時被稱為「金邊」或「金邊債券」。	
現金或現金等價物	• 就安全性而言，現金是最安全的財富儲存（如果你不是真的把它塞到床底下的話），但也因為它的利率之低，若你把它鎖得緊緊的，那回報率實在讓人不感興趣。 • 應急基金必須容易取得，要小心這無聲的殺手：通貨膨脹。隨著商品價格上升，你的現金消費能力會下降，所以要確保你有一個利率盡可能和通膨率相近的帳戶。 • 某些類型的債券被歸為「現金等價物」，因為它們幾乎沒有風險。這包括某些政府債券，甚至是公司債券。	★

投資原則3：分散投資

在選擇投資哪些資產時，問題不在於你喜歡股票還是債券，也不在於它是不是最好的投資。就像你要把鈕釦巧克力和綜合肉披薩當成主食一樣，最後不會有好下場，投資太過單一也是這種情況。投資者會分散投資，持有不同類別的資產，滿足他們風險承受的偏好和目標。德瑞克[8]本人對這想法並不陌生。從他的歌曲〈Over My Dead Body〉中，用「有些會贏，有些會輸」來解釋只要從整體來看是賺的，你就是贏。

這個想法是透過投資組合來實現，換句話說，將你的現金分散到多個不同風險的投資中，這可以減少潛在風險的損失。當然，有些投資標的不見得會賺，德瑞克說，當你擁有許多不同公司的股票時，如果其中一家公司倒了，這對你整個投資組合的影響，會比你只抱著一家公司股票來講，要小得多。

分散投資有兩個層面，首先是持有多種資產類別（股票、債券、現金），並在不同類別中再有多種投資。

資產配置比例，指的就是你的投資組合中的股票、債券、現金的比例，這會決定你有多少潛在風險。

---

8 Derek Benfield，加拿大饒舌歌手、詞曲作家、企業家、監製及演員。

GFY＋關於資產配置……

在資產配置的比例，並沒有「完美平衡」一說，每個人都不一樣，取決於個人的目標、年齡、風險偏好等因素。然而，你離退休時間愈近，或是愈需要資金，那麼低風險的投資就更具意義。

短期投資（小於五年）

正如在GFY理財計畫（第17頁）中所言，要是希望在五年內使用你的資金，那投資股票，或是持有股票比例較高的基金，風險會太高。但這並不代表你要把所有資產都變成現金。相反，你可以考慮現金的等價物，像是風險較低的政府債券。（請見第206頁）

長期投資者（大於五年）

如果你打算來個長期計畫，而且很樂意把錢壓著五年以上不動，那麼你可以承受多一點風險，並打造一個投資組合，當中混合了股票、債券，還有現金。資產配置確切比例取決於你能接受多少風險，這一點我們會在第217頁談到。

退休投資組合

如果你是自己開公司，有存自己的退休金，或是只是想替自己晚年多存一點錢，那麼就經驗來講，可以用下面的公式來計算你適合的股票比例：

110 － 年齡＝你投資組合中，持有股票的比例

上面數字可以算出你股票的比例，其他部分就是債券。請記住，你的應急基金中的現金儲蓄並非你投資組合的一部分。假設你是二十七歲。根據這個公式，你的退休投資組合大約會有83%的股票和17%的債券。還值得注意的是，隨著年紀增長，持有的股票類型也會跟著變化；例如，退休時間接近，投資者會調整投資組合來減少風險，會愈來愈偏好收益型股票，而不是成長型。

但撇開年齡不談，你應該要考慮一下自己對風險的承受能力，我們很快就會討論到這個。

然而，擁有分散的投資組合，最簡單的方法就是投資基金。

基金

除非你像哥登・蓋柯一樣，不然大多數的人不會自己埋頭研究，挑出幾十種股票和債券，並在午休時焦急又孜孜不倦在檢查市場情況。取而代之，會選一個更簡單的方法讓自己擁有「分散投資」的組合：基金。

假設你在上班，這個禮拜的中午想吃沙拉，但本週你沒有準備半點沙拉。我可以想像，你會到最近的商店或咖啡館，買現成的。讓別人費心採買食材，切成碎片，然後以一定的價格賣給你。你買的沙拉就好比是基金單位。你可以享受多樣化的產品（也就是所謂的分散投資）的好處，又不用勞神費力一次購買整個禮拜的雜貨食材。

和購買單一債券或股票不同，基金允許你和其他投資者共同投資，在一次交易中購入多種股票、債券或兩者混合，而非單獨購買。要是基金上漲，你的基金單位的淨值也會上漲，當然了，跌之亦然。基金是由專業經理人在管理，這代表，不是由你來決定具體要投資哪幾支股票或債券，而是由基金經理人為你決定。

基金有三大好處：

- **風險較小**——分散化代表你的資金分散在各種不同資產中。
- **通常會比較便宜**——你只需買你要買的基金單位付一次費用，不像你單獨購買股票和債券，需要支付多筆費用。我們會在第223頁進一步說明費用的問題。
- **更多的投資機會**——你和其他投資者共同投資，你可以得到比單獨購買時更多不同類型的標的。

我們從沙拉的比喻再延伸一下……有很多不同種類的基金可以選，每一種都包含不同的東西。一些基金可能只投資於債券，有的則是股票，也有一些是混合型基金，稱為平衡型基金。一般投資者可能很簡單地只投資一檔平衡型基金，因為這樣就顧及到資產配置，而另一些投資者可能更喜歡依自己喜好，投資多個不同的基金。

基金也有特定主題，裡面會有不同的風險程度。例如，英國債券的投資，就比任何一種新興市場基金更安全。

所謂的特定主題像是以下例子：

- **地理位置**——像是歐洲或跨國公司的股票，或新興市場的股票。
- **行業別特別主題**——例如可再生能源、奢侈品、科技類、醫療保健公司。
- **投資類型**——例如，僅包含公司債券或是政府債券。
- **公司規模**——如富時100指數裡的公司股票，或小市值公司的股票。
- **回報類型**——例如收益型股票或成長型股票。

如果覺得這些太過複雜，請靜下心來，不・要・驚・慌！當然了，掌握基金是怎麼運作的，是件好事，但有一種投資方式可以不用自己挑選基金或是擔心資產配置問題。我們會在第

222頁討論這問題。

GFY＋關於基金概覽……

就刺激程度而言，它可能無法比網飛最新影片上架來得讓人興奮，但你要了解一支基金，閱讀基金概覽會是有用的資訊，特別當你想要自己DIY選基金時。

基金概覽的介紹會包括以下訊息：

1. **基金名稱**：如股票增長基金。
2. **管理基金的公司名稱**：如ABC投資公司。
3. **基金的主體**：這部分會說明，該基金是否是為增加收入（收益型）還是增加價值（增長型）。它還會更進一步告訴你這基金會投資什麼（例如，股票還是債券等），還有它是會投資哪些市場和怎樣規模的公司。
4. **基金的經理人**：這些人負責決定該基金如何投資。它還可以告訴你該基金經理什麼時候開始接手管理基金，通常是在更換基金經理的時候，這在基金相對績效發生變化時，是個很有用的資訊。
5. **基金單位價格**：就是指基金單位的價格。
6. **資產配置**：可能會有個圓餅圖或表格，顯示該基金投資比例，例如：股票、地產、債券等。也可能給出更多細節，像是行業別，比如金融、醫療保健、採礦、零售。
7. **十大持股**：列出該基金目前投資最多的公司。也會告訴你每家公司投資的百分比例。

8. 費用：基金概覽會列出你在投資基金時要支付的費用，如初始費用、每年支付給基金經理人的管理費，還有持續管理費。

9. 業績：基金概覽通常會有過去一年、三年、五年的業績資訊（如果是較新的基金，可能不會有更久的資料）。還會列出各別不同類別投資在整檔基金裡的表現。這是為了讓你和同類基金相比，該基金表現是好還是壞。

10. 最小初始投資：這會告訴你，如果是只投資一次的初次投資或是持續投資的方式，最低的金額門檻。

基金的類型

ETF和共同基金

　　基金不僅是在投資類型上不同，而且管理方式、交易地點、定價等方面也有所不同。有兩類基金值得了解：指數股票型基金（ETF）和共同基金（mutual funds）。

　　主要區別在於ETF在交易所（ETF的E就是exchange，指的就是交易所），價格也會因市場供需而不斷變化。相對來看，共同基金（英國的「單位信託基金」和「開放型投資公司」）只是在交易日的某個時刻，以固定價購買（又叫基金淨值）。這是包含有投資的當下價值為基礎。ETF的價格通常接近基金淨值，但由於供需變化的關係，有可能會不一樣。

指數股票型基金（ETFs）	共同基金
在交易日的期間買賣	只在一天中某一個時間點買賣（有的基金買賣頻率很低）
操作成本低	操作成本有高有低
無最低投資門檻	大多數有最低投資門檻

就像所有基金一樣，ETF也是透過專業化管理的基金，把你的資金和其他投資者的匯集在一起。但ETF和其他基金不一樣的是，你可以從交易所購買，就像買公司股票一樣。這讓它很容易購入、透明、低成本。

重點是ETF是被動的，這代表它們會追蹤特定的市場主題。比方說，追蹤一個指數，像是富時100指數，富時在英國被稱為Footies（英國前100家最大的上市公司），也可能追蹤特定有價物的表現，像是政府債券。基金的專業經理人就負責操作這方面的買賣。比方說，追蹤富時100指數的基金，其基金經理只要代理其投資者，購買富時100指數裡的公司股票。

我

ETFs

ETF是投資界的香草冰淇淋。沒有額外添加不必要的功能，也容易購買，ETF看似不起眼，但卻被許多投資者稱讚，認為長期來看，甚至績效比主動管理的基金更好。事實上，二〇〇七年，華倫・巴菲特（我剛才是不是聽到有人喊出「股神」？）和對沖基金（最時髦最複雜也最有爭議的一種基金）對賭，認為它們無法超越標普500指數，後來他贏了一百萬美元。

許多投資者喜歡ETF一個重要原因，因為相對其他基金，ETF價格相對便宜。因為ETF只是追蹤市場，相比對沖基金，不太需要管理和調整。另一方面，主動型基金的經理，需要密切關注投資狀況，和財務總監溝通，了解市場情況後，相應地調整股票裡的資金比例和流動。這需要大量研究、時間、專業知識，這代表它會比ETF收取更多費用。

主動型基金和被動型基金

基金的管理方式也有所不同。就經驗來講，ETF往往是被動型基金，因為它被設定為追蹤市場一個指數。而共同基金有的主動，有的被動。一檔主動管理的基金，這意味著該基金有其專職的基金經理人，他的工作就是不斷評估基金投資，目標是「擊敗市場」，就具體來講，就是要比富時100指數的所有公司，有更高的價值增長。另一方面，被動型基金只是單純追蹤部分市場或是某個指數，這樣的基金所相信的是：能否超越

市場純粹是運氣問題，而且當扯上價格和消息流通時，沒有人真的佔得了便宜。

想像一下，高速公路上有兩輛車，往同一個方向行駛。一個是瘋狂賽車手，開著一輛改裝過的跑車，在車流中穿梭，為的是超越路上每一輛車。這輛車就代表了主動型基金。而另一輛，是一家四口坐在堅固的五門休旅車上，設定好了自動駕駛：被動型基金。休旅車並不著急，保持速度，和別的車一起同步前進。沒有要打破任何紀錄，只是希望能準時回家喝茶。另一輛車會提供你所期望的各種刺激，加速分泌腎上腺素，也面臨更高的風險，讓人跌到谷底。我們都希望裡面的是一位技術高超，對未來充滿信心的車手，而且還能對未來有著敏銳的洞察力。他就是想要創下最高投資報酬率的基金經理人。花了大把心力潛心研究，基金經理人會投資他挑出有潛力的有價物，過濾掉不良投資標的。

投資原則4：風險與收益

> 股票市場是一種裝置，它的作用是把錢從沒耐心人的手上，轉移到有耐心的人的口袋裡。
>
> ——華倫・巴菲特，波克夏・海瑟威執行長

沒有人知道未來會發生什麼。如果我們知道有哪些剛成立的公司，會是未來的Google或Apple，我們很快就會在自己的私人島嶼上，喝著冰涼的琴通寧。正是那種對未來的不確定性，在支撐所有金融市場。投資是圍繞著投資報酬率在進行的投資行為。我們之所以知道債券風險比股票小，純粹是從歷史上看到股票比債券的投資者更容易賠錢來看的。而我們也知道，股票，尤其是成長股，有可能讓投資者賺得比債券更多。正是權衡這種風險和回報，讓投資者面臨兩難。你願意為了潛在的回報率冒多大的風險？

了解自己的風險承受度是良好投資的關鍵。它的第一個好處，就是讓你不會在看到市場波動時就嚇得不敢投資，而且你也能投資適合自己的基金，讓你的資產配置達到完美。

只有你自己知道你願意冒多大風險；然而，有兩個原則可以幫你做出決定：

- **時間**——正如葛莉絲的故事，時間是投資最有力的武器。所以，如果你才二、三十歲，那你有很大的優勢。但最好也考慮一下你打算投資的時間跨度，也不壞。如果你打算長期投資，你可以承擔更多風險，因為你有更多的時間等待市場慢慢爬升。另一方面，如果你的目標屬於中期，比如買房頭期款，你可能想少冒點風險。
- **個人態度**——我們都討厭賠錢。事實上，行為經濟學家

發現，就心理學上而言，失去時感受的痛苦強度，比收穫時的快樂相比，高了兩倍的強度。但每個人都有差異，有不同的風險承受能力。當你在探索哪些投資有機會時，值得去看看歷史上的投資表現。舉個例，下表顯示了低、中、高風險基金，它們在最佳和最差的年度表現。找到最差的那一年，自己問自己，要是你的投資跌了這麼多，你心裡會有什麼感覺。你會失去冷靜，然後恐慌地把它賣掉嗎？或是緊抓不放，視其為一個機會，可以補進可多投資？

還‧是‧覺‧得‧恐‧慌‧嗎？！還記得有一種投資方式，我們可能不用親自分配自己的資產配置——我們在第222頁有提到過。

	投資組合	績效最好的一年	績效最差的一年	最差的12個月
低風險	100% 債券（英國政府債券）	1998 +11.4%	2013 -0.8%	-0.9%
中等風險	50%債券，50%股票	1997 +18.6%	2008 -8.3%	-14.5%
高風險	100% 股票	1999 +30.1%	2002 -26.0%	-31.1%

不管你對風險的態度為何，這都會影響你的資產配置——你的投資組合中，股票和債券的比例。對一些想採取穩健緩慢方法的人來說，你的投資組合會有更多的政府和公司債券的基金；有著更大野心和長期戰略的人來講，則會有更多不同行業別和不同國家的股票。

我該投資哪裡？

　　現在，你懂什麼是投資了，你可以決定要把你的錢託付給誰。不管你選擇了什麼，都必須完全信任你的經理人，不要再害怕。了解自己投資了什麼很重要，所以確認自己有做足夠多的研究，也選了適合自己的方法。

對於初學者或是容易緊張的投資者……

　　要是你讀完這一章後，一想到要去研究基金的內容，就會感到害怕，那麼這裡有兩個選項可能會比較安全。

選項1——智能投資顧問
那是什麼？

　　這是過去十年金融界發明出的傑出創新之一。你可能已經看過，在廣告上被形容成是一種簡單的線上平台。可以省去你

在投資方面的困惑和時間。對投資新手來講，它們是不錯的選項；通常入門金額很低，而且不用擔心股票和債券的比例，因為它會幫你計算你的資產配置。你想像你買了一台會幫你買股票的個人機器人。一份簡短的線上問卷，告訴它你喜歡什麼不喜歡什麼，然後它就會依照你的財務目標，和你能承擔的風險，用巧妙的公式計算出你的資產配置。然後會代表你，幫你投資，把錢投資在適合你的ETF中。

怎麼做？

目前市場上有相當多的智能投資顧問，每個智能投資都略有不同。有的可能會算「最低投資額」，這代表你需要一定的資金才能開始投資。它通常不高，幾乎可以確定比你見過的共同基金的最低限額還低。註冊帳戶則很直覺，跟著指示操作就行。當然，在你投資之前，還是要確認對方的收費結構。如果你想要知道你願意承擔多少風險，請參見第217頁。

選項2——獨立財務顧問（IFA）

那是什麼？

對有些人而言，可能尋求專人提供更全面的諮詢會更合適。獨立財務顧問是專業合格的理財專員，他們會針對你在財務決定和選擇購買哪些金融產品方面，提出更適合你的客觀建議。財務顧問對生活中財務上較複雜的人非常有用，他們會幫助你建立和調整退休金和稅務規劃等安排。

怎麼做？

先要挑合格的獨立財務顧問，並確認他們依法行事。在網路上搜尋顧問評價和向朋友家人問問有沒有推薦人選會是個好辦法。一般而言，財務顧問的收費方式，有的會從你要投入的資金中抽成，有的可能針對特定問題收取固定費用，也有的是按小時計時收費。（以英國為例，平均費率是每小時150英鎊）。除此之外，如由財務顧問代表你操盤買賣，也會需要支付費用。是的，獨立財務顧問往往是最貴的選擇，但若你的情況適合，那他就是必要的。

對於有自信的投資新手，或是高級投資者……

如果你看完這一章，並都已經了解「GFY+」提及之處，那你可以考慮自己挑選基金。

選項3──DIY投資
那是什麼？

對於那些想對自己資金去向有更多控制權的人，你可以像居家改造DIY一樣，對自己的投資組合也DIY（Do It by Yourself）。DIY有點像網路購物，但不是買個智能投資顧問的那種，而是自己的購物體驗。你既然不敢讓陌生人來選擇你要穿什麼衣服，我想你應該也很難讓別人決定你辛苦賺來的錢該怎麼投資。有DIY的選項，你可以決定自己要冒多大風險，

並選擇你想要投資的基金。要是你選ETF，費用會比智能投資顧問更便宜。對一些人而言，自由選擇資金流向確實很有吸引力：你可以還擇專買環境、社會及治理基金或是主動型基金，甚至購買特定公司的股票。這種選項的確有額外的靈活性，但你也要全權為你的資產配置負責。所以，除非你選擇投資「平衡型基金」這種混合基金（混合了股票和債券），不然你必須決定你所投資的基金種類、股票和債券比例。

怎麼做？

要開始你的DIY投資組合，你需要在基金交易平台或是證券商開戶，那裡會提供多種不同基金商品。大多數的基金平台都會有工具和一些資訊來幫你找到你想投資的特定基金。一旦還擇了你的交易平台，就可以開始研究你想投資哪些種類的基金。

投資原則5：注意費用

在你決定要用哪種方式或平台投資前，最要注意的一件大事，就是費用。一不小心，你的投資收益就會被費用吃掉。當然，總會有權衡取捨；也許因為該平台的便利性，你願意多付一點錢。但重要的是，你要了解你被收費的原因。需要注意的重點有：

- **管理／平台費**——你向基金經理或投資平台支付的費用。
- **賣／賣基金的費用**——這通常是一次收取，你在買入或賣出基金、股票時支付的費用。
- **轉出費**——如果在一個平台持有「個人儲蓄帳戶」或退休金帳戶；那麼要轉移到另一個平台時，很可能需要支付轉出費。

我該投資多少？

一旦選定了你想投資的標的和願意承擔的風險，現在可以考慮要投資多少了。

如果你照著GFY理財計畫裡的一到五步，那你的應急基金應該已經增加了。並希望養成將稅後收入的一部分存進儲蓄帳戶裡的習慣。現在，你可以不用全部存在儲蓄帳戶裡，可能有一部分或是全部轉往你的投資帳戶。投資多少由你決定，但經驗上來看，要看你能承受多少損失。葛莉絲投資成功的原因，就是她只投資自己失去也不會受影響的錢。要是出了什麼問題，她的日子照樣過。再加上時間慢慢推進，她也慢慢增加投資，分散了風險。

有兩種策略可以選：

點滴餵養式投資策略——每個月定期投資一定的資金。

優點

- 利用定期定額法,透過定期的小額支付,不用管股市是在高點還是低點,減少受到股價波動的影響。
- 避開了「想要把握市場時機」的念頭(參見第201頁),轉變成「讓時間灌溉市場」也能讓你盡快開始投資。

缺點

- 一般投資平台商(特別當你是DIY投資者時),有最低投資門檻,這表示你在投資前需要有足夠的資金。
- 倘若你是DIY投資者,每筆交易都會被收取費用。

一次性投資策略——和點滴餵養式投資策略不同,是一次投資一筆錢的方式投資。如果在某個時候,你得到一筆意外之財,這可能是個不錯的選擇。

優點

- 一開始就投入全部資金,可能意味著你能從潛在上漲可能性中,獲利更多。

缺點

- 反之,一開始就投入全部資金,也更容易受到股市下跌的影響。

投資原則6：考慮稅收

> 在這個世界上，除了死亡和稅收外，沒有什麼是確定的。
> ——班傑明‧富蘭克林

投資也不能免稅。如果你要把自己的投資兌現，你可能需要繳稅。然而，會視你在不同的國家，可能會有不同的方案和免稅額，能幫助保護你的錢。在英國有很多的免稅額，可以確保你的帳戶和儲蓄不用繳稅。

談到股票交易，你需要了解什麼是資本利得稅（Capital Gains Tax，簡稱CGT）。資本利得是你在投資上賺取的收益，只有在你賣出時才需要支付。例如，如果你是以一千英鎊買入股票，以一千五百英鎊賣出，你就有五百英鎊的獲利。

需要繳資本利得稅的情況是：

- 除了汽車外，大多數價值超過六千英鎊的個人資產都要。
- 非自住的房地產買賣。
- 若你出租自用住宅，將其作為商業用途；或是收取高額租金。
- 不在「個人儲蓄帳戶」裡的股票帳戶。
- 公司資產。

請記住，資產利得稅和你個人收人或薪水無關。資本利得稅的免稅額，代表你在被課稅之前，會得到一定免稅額。

　　其他類型的儲蓄和投資也可能需要繳納所得稅。例如，股息也有它專門的免稅額、債券、銀行存款、公司債券、政府債券的利息，這些都可以開「個人儲蓄免稅額」的帳戶到稅務海關總署網站查查看，找到有關免稅額的最新資訊。

　　要永遠保護你的現金儲蓄和投資不會受稅收影響，一個不錯的方法是利用「個人儲蓄帳戶」（ISA）：免稅的個人帳戶。把個人儲蓄帳戶想像成是政府每年發給你的存錢桶。個人儲蓄帳戶的免稅額有可能會改變（英國目前的額度是兩萬英鎊），但只要在此額度下，由此生出來的任何利息和收益都會被徵稅。

　　個人儲蓄帳戶（ISA）的類型有很多種，只要你想要，你可以開設多不同個人儲蓄帳戶（ISA）或是合併它們。每年開一種以上的帳戶，並在其中分配你的免稅額。唯一的規則是，裡面的金額不能超過每年的免稅額。

　　就股票和投資來看有兩種個人儲蓄帳戶的選擇：債券股票型個人儲蓄帳戶（Stocks and Shares ISA）或債券股票終生型個人儲蓄帳戶（Stocks and Shares Lifetime ISA，LISA）。這是一種特殊的帳戶，不只是讓你存錢生利息，比如現金型的個人儲蓄帳戶（cash ISA），還讓你有機會用你的錢投資股票和債券。

這不會影響你對自己投資的決定權,你仍可選擇並應用第220頁裡提到的三種選項。個人儲蓄帳戶(ISA)是一種用來投資的工具,大多數的投資平台都會提供這種工具。

個人儲蓄帳戶的不同類型

類型		細節
債券和股票 個人儲蓄帳戶(ISA)用於債券和股票	債券和股票型個人儲蓄帳戶(ISA)	• 一種投資帳戶,可以把錢投入一系列不同的投資中
	債券股票終身型個人儲蓄帳戶	• 一種投資帳戶,可以把錢投入一系列不同的投資中 • 和終身型個人儲蓄帳戶相同(見下文)
	青年債券股票型個人儲蓄帳戶	• 適用於未滿十八歲的人
現金型個人儲蓄帳戶 現金型就是以現金的型式存在你的個人儲蓄帳戶中	現金型個人儲蓄帳戶	• 給該帳戶一個組合利率 • 存取的難易各有差異,從定存(你的錢被鎖在裡面)到可隨時取得的都有
	終身型個人儲蓄帳戶	• 適用於十八到三十九歲 • 五十歲之前,每年可以節省四千英鎊的稅 • 政府會依帳戶內金額,額外提供25%的獎金(每年上限為一千英鎊)

類型		細節
		• 用於在第一次買房，購買價值超過四十五萬英鎊的房產時；或是年滿六十歲退休時使用 • 若沒有買房或是退休時沒有提領出來，則需額外支付25%提款費用
	青年現金型ISA	• 十八歲以下版本的「現金型個人儲蓄帳戶」 • 有利息的存款
新興金融市場的個人儲蓄帳戶 用於其他金融市場和金產品的帳戶	新興市場型個人儲蓄帳戶	• 用於點對點私人式的借貸，或是眾籌募資的資金。

個人儲蓄帳戶（ISA）是個好東西，其中一個原因是，你每年都可以設立一個或以上個人儲蓄帳戶（ISA）。個人儲蓄帳戶（ISA）助你發大財——辛苦存錢，每年都設立個人儲蓄帳戶（ISA），並最大化地利用它。你可以從許多類型的個人儲蓄帳戶（ISA）選一個，並分配不同帳戶裡的免稅額。舉例來說，你可能希望有個一千英鎊的現金個人儲蓄帳戶（ISA），

方便你隨時提領，和另一個一千英鎊的股票債券型個人儲蓄帳戶（ISA）。唯一的限制是，總額度必須在每年免稅額的門檻之內。

倫理道德投資

近年來，我們的社會良知和生活的可持續性發生了巨大的轉變。所以，不管你在哪裡投資，以及投資什麼，這也會是需要考慮的問題。投資傳統基金的一個缺點，就是身為投資者，你對基金公司怎麼操作沒有發言權。這意味著，在道德上，你可能正在投資一家作風不符合自己認可的社會倫理和永續發展道德的公司。然而，投資公司愈來愈多在開放新的基金，將環境、社會、法治（Environmental, Social and Governance，簡稱ESG）因素納入投資策略。它通稱為社會責任投資（Socially Responsible Investing，簡稱SRI）），該基金實現這目標的方式有三種：

- **篩選**——這意味要是某些公司的商業活動參與特殊領域之內，就會被該基金篩選排除掉。例如，該基金可能會排除掉菸草公司或是軍火製造商。
- **環境、社會、法治（ESG）投資**——這表示積極尋找，

並納入符合ESG標準的公司到投資名單內。舉例：尋找專門從事再生能源、對氣候變化提供解決方案的多元性公司。一些基金經理人在尋找公司的過程中，不光會用ESG當成指標，也會試圖影響高階管理層或股東投票，讓決策層也傾向ESG的標準。

● **具有影響力的投資**——在此情況下，投資目標不僅是實現財務方面的報酬，也會對社會和地球產生能觀測得到的正面影響。

如果道德投資對你而言很重要，那麼智能投資顧問、基金或是獨立顧問也能從旁協助。

下一步呢？

閉著眼投資

一九八七年十月十九日星期一，全球股票市場發生一件怪事，非理性的拋售，像傳染病一樣接連發生，這是人們記憶中最大一次的經濟崩潰。也就是眾所周知的「黑色星期一」。標普500指數在一天內損失超過20%。說白一點，想像一下，今天投下去一萬英鎊，隔天就發現它只剩下八千英鎊。一點都不酷。為了止損而出清的想法，聽起來很有誘惑力，不是嗎？但

股市正要恢復。到了年底，市場已經又漲了回來，年底還比之前多了2%幅度的成長。到了一九九〇年一月，道瓊指數比黑色星期一的低點還高了60%。如果你在黑色星期一那天收盤時，投資標普500指數一千英鎊，然後以股利再投資，二十年後，你的投資組合會值一萬零八百英鎊。

問題在於，「低買高賣」聽起來很簡單，但我們的天性就厭惡損失。一旦發現未來會虧損，就會有一種壓倒性的衝動，想阻止它繼續發生，把錢搬回只有1.5%但很安全的銀行儲蓄帳戶。真正成功的投資訣竅，並不在於你投資什麼、什麼時候投資，而在於怎麼管理和市場有關的情緒波動。你永達不會是最後一個買家，也不可能會是最後一個賣家，所以我們把專注點放在「時間」上面。

> 掌握市場「時機」，是傻瓜在玩的遊戲，市場裡的「時間」才是你最大的優勢。
>
> ——尼克·莫瑞

還記得葛莉絲·格羅納的故事嗎？她沒有每天檢查自己的投資，沒有在股票下跌2%或是20%時感到恐慌。她成功的秘訣是，閉上眼睛繼續生活。因此，只要你的投資和目標一致，並承擔正確的風險，你也可以做到。高點和低點是不可避免的，但在你實際賣出前，就沒有真的虧損。

把它變得更正式

為了更容易讓你堅持下去，請把你的投資策略變得更正式。寫下你的目標、時間表、資產配置和能承受的風險等級。

我的投資策略：

- 目標（你這樣做背後的目的是什麼？）
- 時間表（你要投資多長時間？）
- 資產配置（DIY 投資的情況）
- 風險等級（在於使用的是智能投資顧問／獨立財務顧問的情況）
- 費用（細項是什麼？）

GFY+何時回顧你的投資組合

- 每天——什麼都別看！停止檢查帳戶。
- 每個星期看——我說了，不要再看了⋯⋯
- 逐月看——你認真？好吧，可以看一眼。但不要動它。還記得你的目標是什麼？
- 年復一年——周而復始！恭喜你。好了，該是進行年度審查的時候了⋯⋯

審查投資組合的最好時機，是每年報稅結束的時候，你可能會想設一個新的個人儲蓄帳戶（ISA）。即使你的投資組合成效不彰，你該注意的是長期目標，並堅持下去。好的長期投資者，就算是經歷過最嚇人的場面，也會繼續保持投資。如果你需要一點輕微的提醒，為什麼這如此這般重要，請回顧第199頁。我們可以說，不要小看投資；審查你的資產配置或風險等級。

要回顧你的投資組合，以下是你需要自己問自己的問題：

1. 你是否需要新的平衡？

- 一年的時間裡，你的投資價值一定會有變化，這意味著你的資產配置可能會出現問題。例如，假設你一開始打算把60%比例放在股票，而這一年中，股票表現非常好，也許佔了你投資組合的70%。如果你是屬於DIY投資客，自己決定自己的資產配置，那你就得親手操作：賣出多的，或是買入其他投資，來平衡你的投資組合。如果你是用智能投資顧問，那這些會自動幫你處理好。

2. 你的目標是否改變？

- 有時會發生不可預期的狀況，這可能會阻礙你完美的投資策略規劃。例如，也許你繼承了一筆錢，這代表你有機會早點買房，或是決定辭去工作，薪水收入也減少。不管怎樣，這可能意味著，你願意承擔更多風險，也可能是降低風險。

- 如果目標改變，願意承受的風險減少，則可以考慮降低股票比例，或是更新你的智能投資顧問設定，以較低的風險等級再次投資。

3. 你的目標能否在五年內實現？

- 假設，你正在存錢準備房屋頭期款，計畫在六年內購屋。兩年過去，你的投資賺了20%。因為你現在的目標時間已不到五年，你可能會想降低組合中股票的比例，甚至可能減少至零。如果你走DIY投資路線，並選擇了自己的資產配置，那你就得親自出售股票變現或是換成現金等價物（如，低風險的政府債券），來符合資產配置。然而，如果你使用的是智能投資顧問或獨立顧問，那就只是調整風險等級或出售一些投資的問題。

第二節　登上買房階梯

寫給想買房者的一封信：

親愛的買房志士：

我想跟你說，我很抱歉。

首先，你應該知道，這不是你的問題。把頭期款吃掉的不是抹茶拿鐵，也不是美食外送。沒多少小錢可以讓你省，在週日晚上翻特易購的清倉庫存特價品也不能解決這問題。你可以看得出來，真正的問題是我。我完蛋了。

如果不是這個時機，也許還有機會。出生在一九六五年到一九八〇年間的人，在三十歲前能買到房的比例有百分之八十。現在的可能性只有一半，你會有百分之三十的機會，會租一輩子房子。

我知道你一直很想要有自己的小窩：你就是在這種文化中長大——把擁有房子放在最優先的位置，而租房市場也讓人沮喪。還記得你麥片盒裡出現的那隻老鼠？八個人共用一間浴室？還有那位信薩滿教的室友？這是個黑暗時代。

但你理應受到更好的待遇。你值得一個更好的制度，在那

制度下，有自己的房子不是特權階級的權利；你就算不是特權階級仍有機會有自己的房子。而且它沒那麼難達成，就算要租房也更公平。你並非在要求一件不可能的事。看看德國，更長的租期和租金的控制，讓房屋租金只佔了薪水的23%；再看看巴黎，租金的上限是從國民收入的中位數計算出來的。這不是新鮮事：從歷史上來看，英國推出世界上最具創造力的房屋計畫，從伯恩維爾到巴比肯屋邨。

現在情況是，你想要的，我無法給你；你需要一個同時能關心租房房客和房東的政府，推出遏制租金上漲的政策，而不是進一步推波助瀾（當國會議員中有19.4%也是房東時，這也許根本是作夢）。

雖然現在情況看起來很糟糕，但要知道，你不是一個人。對你和其他五百萬人來講，事情必須改變。

這不是你的問題。

房屋市場敬上

我能買嗎？

除非你有幸能用現金買到房產，不然「能不能買」的問題其實是：你借得到錢嗎？在房屋所有權上的說法，借錢是指辦理房屋貸款：銀行借你錢，你在規定的時間內（大約二十五年）要連本帶利歸還。曾經有過一段日子，只要路過一家銀行，就不自覺被吸引想要貸款買房，但在二〇〇八年的經濟危機後，情況變得嚴峻。銀行對貸款金額和存款要求都變得更為嚴格。

低於標準的房屋貸款，需要一筆頭期款：建議最少要到房屋價的20%。你如果不到20%（但最少仍需有5%），那你將支付更高的利息。房屋貸款和房屋價值之間的比率稱為貸款價值比（Loan To Value，簡稱LTV），LTV愈低，抵押貸款利率就愈低。

就經驗論，你最多可以借到你收入的四·五倍。假設你和你的伴侶收入合計為六萬五千英鎊；那你最多可貸到二十九萬二千零五百英鎊。如果你想買一套三十一萬英鎊的公寓，那你需要有一萬七千五百英鎊的存款當保證金，這會到達5%的門檻。需要注意的是，儲蓄超過房價的5%，會降低你的LTV，讓你可以得到較低利率的房屋貸款。

貸款價值比圖解

貸款價值比（LTV）

是你抵押貸款要除以你房產價值（例如，你的房子有多少百分比是銀行出錢所擁有的）

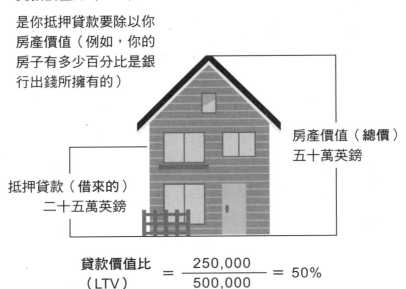

房產價值（總價）
五十萬英鎊

抵押貸款（借來的）
二十五萬英鎊

$$\text{貸款價值比（LTV）} = \frac{250,000}{500,000} = 50\%$$

為什麼要買房？

　　不能因為你能買，所以你就非買不可。就像小狗的存在，不是為了成為聖誕禮物；房產也同樣不是。房屋需要金錢和時間來維護，而且出售房子也不容易。雖然租房子會把你綁在合約上幾個月，但房屋貸款則是持續數年。不要被社會上的價值觀影響，老說什麼有自宅才算成年之類的。租房意味著自由，就某些情況來看，代表有更多的可支配收入。如果你想和別人一起買，尤其是你的伴侶，那請再三思考。如果是租房子，你可以快速又輕鬆逃離。但如果你們一起買了房子？那就麻煩了。問問自己為什麼這麼渴望有間房子。如果你已經做了打算，而且也有信心能長期負擔，那麼買房也有可能是個好的選擇。相對來說，要是你生活中有很多不確定因素，而且還打算換工作、去旅行、創業；最好把錢存下來，直到你能確保你的收入是穩定的，對理財之道也相當熟練之後，再做打算。「沒有房子」總比「房子被銀行收回」來得好。

GFY登上買房的階梯指南

如果你認為自己能成功買房，這裡有一個循序漸進的參考指南，告訴你怎麼透過八個步驟，從買房的夢想變成買房的現實。

☛＝行動點

1.計畫

買房不是一夜之間的事，它可能是個漫長而痛苦的過程。

☛使用房屋貸款計算機，算出你負擔得起的金額和你的目標存款。

☛決定你是否符合買房補助方案：

- 承擔得起的房屋方案
- 英國政府資助的「首購族房屋貸款（Help to Buy equity loan）」；可別跟「個人儲蓄帳戶的首購補助（Help To Buy ISA）」搞混。
- 共享所有權

☛開始保管及整理家庭帳單、薪資單、收據，你需要這些當成你的收入和支出的證明。

☛檢查你的信用等級，如有必要，盡你所能提高它。

☛如果你是自營業者，你可能會需要至少兩年的會計紀

錄。最好向專業的房屋貸款經理人尋求建議,他們可以幫你把事情安排得當。

2. 存頭期款

如果你已經有這筆錢了,恭喜你!如果沒有,現在是執行你預算的時候了,為你的目標開始存錢。

☞制定出目標金額的預算,還有目標達成的時間線(參照第161頁)。

☞思考如何透過節約之道,來加速你存錢速度:

- 和家人同租,或找租金更便宜的地方。
- 削減其他需求的預算。
- 加班,或想辦法額外賺取一些收入。

3. 預算

☞買房費用的預算

買房還有一系列不可避免的費用,所以你要確保你有足夠的錢支付以下費用:

- 事務律師費(850-1,500英鎊)
- 量測和記錄土地細節之調查費用(250-600英鎊)
- 搬家費(300-600英鎊)
- 建築保險(要視房產而定)
- 初始裝修和裝潢費用(1,000英鎊以上)

- 約定房屋貸款所需的估價費（150-1,500英鎊）
- 印花稅（蘇格蘭土地和建築物交易稅，或威爾斯的土地交易稅）

4. 熟悉房屋貸款

☛ 決定抵押

☛ 考慮擔保人房屋貸款，即父母或是家庭成員將其住房或儲蓄作為你貸款的擔保。

有各種房屋貸款可選，光是要了解它們並從中分出差異，就夠讓人頭大的了。但你需要知道的主要有兩種類型：

- 固定利率房屋貸款：不管市場利息怎麼變，它的利率在幾年內保持不變。
- 可變利率房屋貸款：利率可以改變。

每種方式都各有優缺點，提供房屋貸款服務方會向你建議，哪一種可能較適合你。下面是GFY+的表格，也許能幫你熟悉它的複雜性。

GFY＋房屋貸款類型

固定利率房屋貸款

在整個貸款期間，不管市場利率升降，你所支付的利息利率將保持不變。例如，你可能會看到有廣告宣稱「兩年期固定利率」或「五年期固定利率」，還有在該期間內的利率會是多少。

優點：
• 不用煩心，因為每個月付的利息不會變，能方便建立預算。

缺點：
• 固定利率最後要付出的錢可能會高於可變利率，但這也得視市場怎麼變化。
• 如果市場利率下降，你不會因此受益。

需要留意：
• 如果你想提前清償也沒辦法，你會被綁在固定時間內。
• 固定利率的期間結束 —— 你應該在它結束前兩到三個月，尋找新的房屋貸款協議，不然你的利率會被貸方自動轉成標準浮動利息（Standard Variable Rate，簡稱SVR），這通常會比較高。

可變利率房屋貸款

可變利率房屋貸款其利率任何時候都可能變化。確保你有一些儲蓄，要是利率上升，你得負擔得了增加的費用。

可變利率房屋貸款有很多形式：

類型	優點	缺點
標準浮動利息（SRV） 這是你抵押貸款的放款人，向買房者收取的正常利率，它會持續到你把抵押貸款還完，或你把它轉到另一個抵押貸款的協議為止。 隨著英格蘭銀行設定的基本利率上升或是下降，它也會跟著發生變化。	• 自由——你可以多還錢或是隨時轉移	• 在欠債期間，利率隨時可能會變
抵押折扣 這是放款人在標準浮動利息（SVR）額外打折，僅適用在固定時間內，通常會是兩年到三年 但多比較是值得的。每個貸款機構的標準浮動利息不一樣，所以不要以為折扣愈多，就愈划算 舉例 兩家銀行的抵押折扣為： • 如果英國中央銀行A會扣除2%的浮動利息，而它們的浮動利息是6%（所以你會支付4%）	• 成本較低，一開始就比較便宜，你每個月要還的錢也會更少 • 要是放貸方的浮動利率往下降，你每個月要還的錢又會更少	• 預算難抓，放貸方可隨時提高浮動利率 • 如果英國中央銀行的基本利率上升，你的貸款利率也會跟著升 需留意： • 如果你打算在折扣期間轉移債務，會收取額外費用

類型	優點	缺點
• 如果英國中央銀行B會扣除1.5%的浮動利息，而它們的浮動利息是5%（所以你會支付3.5%） 雖然銀行A的折扣更多，但銀行B才是最便宜的選擇		
追蹤抵押貸款 追蹤抵押貸款和另一個利率保持一致，該利率通常是英格蘭銀行的基準利率再加上幾個百分點 如果基本利率上升0.5%，那你要付的利息會有相同的上升幅度 一般而言，追蹤抵押貸款會有個固定期間，不會太長，通常會是二到五年。雖然也有的放貸人可以讓你保持該利率直到你還完所有錢，或是債務轉移	• 如果它所追蹤的利率下降，你抵押貸款的利率也會下降	• 如果它所追蹤的利率上升，你抵押貸款的利率也會上升 • 要是你想在期間結束前轉移債務，可能會需要支付額外費用 需留意： • 即使抵押貸款利率沒變動，貸方也不能提高利率。這種情況很少發生，但歷史上的確有出現過

類型	優點	缺點
最高上限抵押貸款（Capped rate mortgages） 你的利率通常會和浮動利率一樣，但有最高上限意味著，不能上升到超過該上限	• 有確定性，知道自己利息不會高於某百分比，但也要確保要是它到達上限後，你仍有能力還款 • 更便宜，要是浮動利息下降，你的利息也會降	• 這個上限往往設定得很高 • 此方法的利息通常高於其他浮動利率或是固定利率的抵後貸款 • 只要不超過上限，貸方可隨時改變利率
抵銷抵押貸款 它通常會和你平常儲蓄的帳戶相連，用你帳戶裡的錢可和債務相抵銷，這樣你只需要付利息差 你仍可以像平常一樣，每月償還抵押貸款，但你儲蓄的帳戶的錢可以超額付款，幫你提前還清債務 舉例 如果你有150,000英鎊的抵押貸款和15,000英鎊的儲蓄，那你的利息是從135,000英鎊來算。	• 你可以每個月超額支付你的低押貸款，這樣就能更快擺脫債務 • 你可以減少你每個月的付款 • 可以節稅，因為你不會因為帳戶生利息而要繳稅，這個對高稅率的納稅人有利	• 此方式的利率通常高於標準抵押貸款利率 • 你儲蓄的帳戶裡將不再會產生利息

©Money Advice Service

5. 獲取建議，比較不同交易

☛ 利用以下來源找到最適合你的貸款

- **在網路上搜尋**——比較不同的放款機構。
- **房屋貸款專員**——通常會提供更多個人服務和建議。
- **你的往來銀行**——可能會替自己現有客戶提供更好的貸款服務。

所有銀行和經紀人，在推薦房屋貸款時，必須要提出建議。你可以不依靠建議，自行選擇想要的房貸，這個稱為僅執行貸款的申請。但這也有風險，可能會選到不適合自己的貸款模式，或是因為不熟悉門檻和限制，而被放款方拒絕。

此外，在貨比三家時，記得比一下費用，還有提前退出房屋貸款合約的罰金（當你的餘額被提前還清，或是你要轉到新的貸款機構時，要支付的費用）。

☛ 從你房屋貸款的公司那裡取得「貸款意向書」。

一旦你選擇貸款公司，也聽了哪種方案的貸款適合你的建議，就可以申請「貸款意向書」（AIP）。這意味著，你可以在貸款協議中提出的任何提議都會被認真考慮，也會讓整個過程更加順利。

6. 出價

這是最有趣的部分——找到你夢寐以求的家。一定會有地方需要妥協，所以確定自己把「必定要有」和「要是有的話會很棒」給區分開來。

☛ 找到你想要的房子並出價。

7. 確保你的房屋貸款沒問題，並多做確認

☛ 正式申請房屋貸款。

☛ 委任一位房地產律師（或稱房產經紀），進行確認並處理買賣房屋方面的法律問題。

☛ 同意銷售條款。

8. 塵埃落定

你的抵押貸款將會得批准（順利的話），你的貸款人可能會要求你為房子投保，當作批准條件之一。

☛ 交換合約。這表示你被鎖在一個具有法律約束力的房屋買賣合約中。

☛ 聯絡搬家公司、清潔公司等。

☛ 繳納你的頭期款。

☛ 取得你房子的鑰匙！在交屋當天，可以從房產仲介或是賣家那裡取得鑰匙。

☛ 拿出香檳……

生活和付出

如果你已經完成一到六步驟，那我先恭喜你！再來，你可能會想：現在該怎麼辦？你償還不好的負債，為自己存了一筆應急基金，還有退休金，正式成為一名投資者。但這些財務上已達成的目標，你算是又打破它了。

現在該怎麼辦？你會走到這一步，並不是單純為了看到你負債愈來愈小，投資的價值愈來愈高而歡喜。你心中有一個想法，它讓你閱讀近將近九萬字的個人理財書。我從一開始就說過，這本書不是讓你四十歲之前就退休發財的指南。它是本告訴你有關賺錢、花錢和投資，以及過上最好的生活，甚至幫助他人過上好生活的書。不管是捐錢，還是把時間花在某個人身上，不管是對朋友還是對陌生人，對他人付出的效果都很強大。

> 我們靠獲取維持生計；但靠著付出創造人生！
>
> ——溫斯頓·邱吉爾

如果你從本書中要學到一件事，我希望它是「更了解金錢」，而不僅是會開設個人儲蓄帳戶（ISA）和開始安排預算。

這反而是最容易的部分。真正重要的是看清更大的局面，讓你能在花錢時感到興奮，而不會因為錢花掉了而覺得內疚。你怎樣才可以持續賺錢下去，而不會讓你厭惡每一分鐘的上班時間。

　　我希望本書能後思考一些重大問題，因為說到底，我們人生只有一次，所以讓我們活得更聰明。

致謝

我非常感謝那些相信本書值得一讀的人,感謝他們讓這本書能成真。

先要感謝我的出版商,Head of Zeus,特別是我那出色常保冷靜的編輯,艾倫,她對我的想法很有信心,使之成為現實,感覺一路上有她的指導。也要感謝克萊門斯、潔西以及設計團隊,讓這本書如此美麗地出現在現實生活中,也要謝謝克瑞西,我那天才並永遠支持我的朋友和救星,讓我真的生出這本書了。

致支持我的朋友們:感謝格雷漢的會計專業和知識的支援,感謝托比粗暴的誠實和「這本書真正是棒」的保證之詞,感謝克里斯想出了這樣一個出色的標題。還有普拉維娜、夏綠蒂、莎拉、托里,謝謝你們沒有認為(或至少沒說出口)我出這本書完全是瘋了,並感謝你們一直以來的回饋。

也感謝喬納森在投資方面的智慧，感謝埃比一直在傾聽並相信我，感謝「咖啡、怪客，和朋友們」咖啡店，允許我在二〇一八年大部分的時間住在裡面，也謝謝你們那全倫敦最好的香蕉蛋糕和咖啡。

　　最後，同時也是重要的是我的父母。謝謝你們總是鼓勵我承擔風險，並教導我生活中除了最基礎的活著，還有很多東西。我愛你們。

愛麗絲・泰帕兒

寫在本書之後

　　《投資自己》不只是一本書，它也同時也是一個線上平台！

　　www.gofundyourself.co 這個網站包含了大量的資源和工具，可以幫助你理財不再無聊。

　　你也可以在Instagram 上面找到我：@go _fund_yourself_

投資自己:透過七大步驟,過上最好的財務生活/艾莉絲.泰帕兒作;牛世
竣譯. -- 初版. -- 臺北市 : 春天出版國際文化有限公司, 2022.09
　　面;　　公分. -- (Progress ; 21)
　　譯自 : Go Fund Yourself : What money means in the 21st century,
how to be good at it and live your best life
　　ISBN 978-957-741-576-9(平裝)
　　1.CST: 個人理財 2.CST: 投資
　　563　　　　　　　　　　　　　　111012463

投資自己 透過七大步驟,過上最好的財務生活

Go Fund Yourself What money means in the 21st century, how to be good at it and live your best life

Progress 22

作　　　者◎愛麗絲·塔珀		總 經 銷◎楨德圖書事業有限公司	
譯　　　者◎牛世竣		地　　　址◎新北市新店區中興路2段196號8樓	
總 編 輯◎莊宜勳		電　　　話◎02-8919-3186	
主　　　編◎鍾靈		傳　　　真◎02-8914-5524	
出 版 者◎春天出版國際文化有限公司		香港總代理◎一代匯集	
地　　　址◎台北市大安區忠孝東路4段303號4樓之1		地　　　址◎九龍旺角塘尾道64號 龍駒企業大廈10 B&D室	
電　　　話◎02-7733-4070		電　　　話◎852-2783-8102	
傳　　　真◎02-7733-4069		傳　　　真◎852-2396-0050	
E－m a i l◎frank.spring@msa.hinet.net			
網　　　址◎http://www.bookspring.com.tw			
部 落 格◎http://blog.pixnet.net/bookspring			
郵政帳號◎19705538			
戶　　　名◎春天出版國際文化有限公司			
法律顧問◎蕭顯忠律師事務所		版權所有·翻印必究	
出版日期◎二〇二二年九月初版		本書如有缺頁破損,敬請寄回更換,謝謝。	
定　　　價◎350元		ISBN 978-957-741-576-9	